RAÍCES DE LA SANTERÍA

La autora

Idalia Llorens. nació el 24 de febrero de 1972, en la ciudad de Ponce, Puerto Rico. Tiene un grado en Historia obtenido en la Pontificia Universidad Católica de su país. En el 2003 terminó su especialización en Antropología Cultural en Latino América en la Universidad Complutense de Madrid, España. Ha realizado investigaciones sobre las creencias africanas en Puerto Rico. Después de terminar su doctorado en Madrid, dictó la cátedra de Historia en la Universidad Interamericana de Puerto Rico, Recinto de Ponce. También ha dirigido conferencias sobre santería en escuelas superiores y universidades.

RAÍCES DE LA SANTERÍA

Una visión completa de esta práctica religiosa

Dra. Idalia Llorens

Llewellyn Español
Woodbury, Minnesota

PRIMERA EDICIÓN
segunda impresión 2008

Coordinación y Edición: Edgar Rojas
Diseño de la Portada: Lisa Novak
Fotografía de la Portada por: © Julio C. Acevedo Rodriguez
Ilustraciones interiores: Departamento de Arte de Llewellyn
Modelo de la portada: Carmen Celia Ramos

Library of Congress Cataloging-in-Publication Data for *Raíces de la Santería: Una visión completa de esta práctica religiosa* is on file at the Library of Congress.
La información sobre este libro está en trámite en la Biblioteca del Congreso.
ISBN 978-0-7387-1282-6

La fotografía de la modelo en la portada es utilizada sólo con propósitos ilustrativos, y no representa o confirma el contenido de esta obra.

Llewellyn Español
Una división de Llewellyn Worldwide, Ltd.
2143 Wooddale Drive, Dep. 978-0-7387-1282-6
Woodbury, MN 55125, U.S.A.
www.llewellynespanol.com

Impreso en los Estados Unidos de América

Dedico este libro a mis padres
por todo el apoyo que me han brindado.

Contenido

Contenido

Contenido

Contenido

Agradecimientos

Primeramente a Dios por ser siempre mi fortaleza. A mi familia por el apoyo que me ha brindado; a mis amistades; a Odduanlá y a Babá Lení gracias por confiar en mí. A Brenda Lee Brown por sus valiosos consejos. Al Dr. Luís Díaz Hernández, por la realización de un magnífico prólogo, y a todos aquellos que me guiaron hasta culminar este libro. Especialmente a ti, que aunque ya no estás en este plano terrenal, fuiste la primera persona que me inspiró a conocer sobre estas creencias. Gracias a todos.

Prólogo

Puerto Rico es un país caribeño el cual fue habitado en sus orígenes por indígenas, producto del poblamiento de América hace más de cinco mil años. A esta población de amerindios se le fueron uniendo los pueblos blancos castellanos mezclados con sangre árabe y demás grupos europeos y las gentes provenientes de varios puntos geográficos procedentes de África, en especial del golfo de Guinea.

Ya en 1531, el primer censo realizado en Puerto Rico reflejaba una gran mayoría del elemento negro africano sobre los blancos europeos y los indígenas. Este grupo comenzó a arribar a la isla en grandes cantidades desde 1518, cuando la corona española le concedió la autorización a las compañías alemanas para realizar el comercio de esclavos. En las embarcaciones que fueron transportados, vinieron también los alimentos, semillas que se propagaron en Puerto Rico, así como sus creencias, costumbres y forma de vida. La presencia inicial de estos grupos se fue integrando paulatinamente a los castellanos e indígenas y hoy es parte esencial en la formación de la cultura puertorriqueña.

Puerto Rico tiene bien marcada en su cultura los orígenes africanos. La sociedad local de los siglos XIX, XX, y XXI ha tendido a relegar esos anexos étnicos que están internamente ligados a nuestra idiosincrasia; tanto así que en los últimos años es mucho menos el conocimiento que tiene nuestra sociedad sobre el continente africano y sus pueblos. África sigue siendo aun el continente negro como se le conocía a mediados del siglo XIX. Deseo hacer énfasis que África no es negro por el color de sus gentes si no por el desconocimiento que había a mediados del siglo XIX sobre esa vasta tierra.

Los pueblos africanos poseen una historia muy particular y no todos los esclavos europeos que transportaron a nuestro continente americanos hablaban el mismo idioma, aunque si tenían una similitud en sus costumbres y sus facciones. África fue y es un continente de grandes diferencias tanto étnicas como culturales.

A la región del Caribe fueron transportados esclavos de los que se conoce como Senegal, Nigeria, Fernando Po, Congo, Angola y Jelofes de la región del Sudan y Malí, en el desierto Saharaui. Los que sobrevivieron al largo y penoso viaje por el océano Atlántico se vieron obligados a permanecer aquí, haciendo su vida, con todo lo que eso puede significar. Uno de los pueblos de mayor fortaleza que en Puerto Rico se ubicaron fueron los yorubas que han sido efectivamente los que mejor se proyectan en sus ritos mágicos religiosos y que han perdurado a través de los siglos en la región del Caribe con el nombre de santería. Las luchas que realizaron los miembros de estos grupos africanos se mantienen hoy como en los primeros días, dejando saber a todos la herencia africana.

Idalia Llorens Alicea se formó en la disciplina histórica en la Pontificia Universidad Católica de Puerto Rico, en la localidad de Ponce. Con el tiempo fue realizando estudios graduados, y hoy nos sorprende con este libro sobre la santería en Puerto Rico. La tarea no fue fácil, pues estamos al tanto de lo que una buena investigación conlleva, sin embargo logró su objetivo. No cabe duda que este libro será de gran ayuda a los estudiosos que quieran conocer con exactitud los pormenores de la herencia africana en Puerto Rico, así como detalles sobre la aportación de las creencias religiosas africanas desde sus orígenes en el continente africano.

Durante su investigación en Puerto Rico, la autora hizo lecturas, entrevistó gente ligada a la santería y produjo un trabajo que, además de tener una base histórica, rescata ciertas costumbres y creencias africanas que creíamos olvidadas. La llamada *santería* en Puerto Rico vino a ser reforzada indirectamente por la Revolución cubana del 1959, pues debido a las consecuencias adversas de ese movimiento social en Cuba muchos de sus habitantes se vieron forzados a dejar la isla. Un gran número de esos exiliados llegaron a Puerto Rico desde principios de la década del sesenta trayendo consigo una gran influencia en el reinicio de una nueva cultura de santería que en la actualidad aún se mantiene.

En su libro, la autora nos ofrece detalles de los lugares donde aún se practican estos ritos y nos da a conocer los nombres de diferentes plantas y hierbas necesarias para realizar las ceremonias y ritos de iniciación en el mundo de la santería. Pero más que nada, nos revela información que no se encuentra en otros trabajos, sobre los secretos de los africanos que un día llegaron a estas tierras para nunca más desaparecer.

La aparición y presencia de Changó, Obatalá, y otros, sonará muy familiar en algunos, pero al adentrarnos en los conocimientos obtenidos por la autora en esta publicación nos damos cuenta de la grandeza y fortaleza de estas culturas milenarias que nos llegan desde África. Éstas forman parte de nuestra cultura sin importar el origen étnico y social del individuo. África está en Puerto Rico, a pesar de la distancia atlántica que nos separa. Tantos los tubérculos como la yautía y el ñame, así como el plátano, el gingambó, la preparación de nuestros pasteles, el mofongo y el dulce de coco o arroz con dulce, sonará puertorriqueño pero es totalmente africano. Así mismo las creencias y el sincretismo religioso que se respiran en Puerto Rico tienen sus raíces en el continente africano, como bien ha presentado muy sabiamente la autora mediante este libro titulado *Raíces de la Santería*.

Luís Edgardo Díaz Hernández, Ph.D.

Catedrático de la Pontificia Universidad Católica de Puerto Rico, Ponce.

INTRODUCCIÓN

El libro que le presento, está realizado sobre la base de una investigación que realicé en la isla de Puerto Rico, entre los años 1996 y 2002. Durante el transcurso de dicha investigación me dediqué al estudio de las influencias culturales y religiosas que el esclavo africano aportó al perfil religioso del puertorriqueño del siglo XXI, a través de lo que hoy se conoce como *santería* y *espiritismo*.

Según las fuentes bibliográficas relacionadas con la historia de la colonización del Nuevo Mundo, los conquistadores que llegaron a las islas del Caribe; como Puerto Rico, Cuba y La Española trajeron esclavos procedentes de las costas africanas para realizar el trabajo en las haciendas azucareras. En Puerto Rico, los pocos indígenas que quedaban no eran suficientes para toda la mano de obra que requería la producción del azúcar.

Por esta razón comenzaron a llegar a Puerto Rico buques procedentes de África repletos de individuos traídos para trabajar la tierra en calidad de esclavos. Ellos aportaron una diversidad de nuevas creencias y costumbres a la isla de Puerto Rico.

Durante mi investigación encontré que el pueblo yoruba de África fue el que más influyó en la cultura del puertorriqueño, aunque no fue el único grupo, ni el único factor, ya que al producirse la inmigración de los cubanos en la década de los 60, trajeron consigo las creencias de la santería, las cuales fueron adoptadas por quienes en la isla practicaban el "espiritismo".

El primer capítulo está destinado a ofrecer un trasfondo histórico y cultural yoruba en África, que recorre sus orígenes, y, muy importante, su religión. Es esencial conocer esta cultura ya que es la propulsora del desarrollo de la santería en Cuba, que luego fue introducida en la isla de Puerto Rico.

El segundo capítulo ofrece la reseña histórica sobre el tráfico de esclavos en el Caribe y la lucha del africano por conservar sus creencias y costumbres religiosas en los diversos países del Nuevo Mundo. Esta lucha la podemos observar primeramente en Cuba con los yorubas, cuyas prácticas toman el nombre de santería, creencia que surge a causa de un fenómeno cultural llamado "sincretismo religioso". Esta religiosidad yoruba se mezcló en Cuba con las prácticas religiosas de otras culturas africanas y con la doctrina católica, las cuales se mantuvieron bastante homogéneas mediante un culto que se ha ido definiendo a través de muchos años en el pueblo cubano y que se va afirmando entre los creyentes que lo practican. El culto, que también se conoce con el nombre de *santería* o "religión orisha", ha sido estudiado durante años en Cuba por investigadores cubanos interesados por conocer su pasado cultural. A través de este libro, hoy día, hago un estudio similar analizando Puerto Rico.

El esfuerzo de los pueblos africanos por mantener sus creencias también puede verse en Haití a través del "vudú" y en Santo Domingo con el "gagá". A pesar de que todas estas creencias religiosas, de una manera u otra, lograron entrar en Puerto Rico durante la época de la esclavitud, la santería ha sido la que más se ha arraigado en su población, posiblemente por la gran oleada de practicantes cubanos que llegaron en los sesentas. Estas creencias, como veremos a lo largo de este libro, no eran totalmente desconocidas para el puertorriqueño.

Por medio de mi investigación rescato las costumbres y creencias africanas que se conservan mediante el fenómeno cultural conocido como "sincretismo religioso" en la sociedad puertorriqueña del siglo XX y a principios del XXI. Realizando un estudio comparativo de los dioses que componen el panteón de los orishas y los santos católicos con los que se "sincretizaron" en el Nuevo Mundo, he analizado los espacios y objetos sagrados que son de suma importancia para los creyentes en la santería, ya que es allí donde se representan a las deidades yorubas.

La información que ofrezco me ha sido transmitida a través de entrevistas a creyentes. También recurrí a material bibliográfico, comparándolo con mis propias experiencias en las ceremonias y actividades religiosas en santería a las que he asistido.

Aquí encontrará una gran cantidad de ceremonias religiosas santeras que se practican en Puerto Rico, así como secretos de iniciación nunca antes revelados. Sin olvidar el papel de la mujer en estas ceremonias, se ofrece un análisis de la aportación femenina en el mundo yoruba.

También presento una larga lista de plantas que son consideradas sagradas en santería y de suma importancia para las ceremonias religiosas en las que no pueden faltar los sistemas de adivinación. Por tal razón encontrará en información sobre los *odduns* que son la base de los oráculos de esta religión.

Mencioné que para el puertorriqueño las creencias que forman parte de la filosofía de la santería no le eran totalmente desconocidas. Así como los esclavos africanos lucharon en Cuba para conservar sus costumbres, los pueblos africanos que habitaron en la isla de Puerto Rico durante los siglos de la esclavitud también lucharon por conservar sus creencias religiosas frente a la evangelización católica. Estas prácticas son las que hoy día se conocen con el nombre de *espiritismo criollo* y siguen siendo practicadas en casi toda la isla.

El *espiritismo criollo* tiene como base el pensamiento del filósofo francés Hippolyte Leon Denizard, quien escribió bajo el seudónimo de Allan Kardec y se dedicó a estudiar el mundo del espíritu y la reencarnación desde una perspectiva científica. Este movimiento llegó a Puerto Rico a finales del siglo XIX, y ocasionó que el africano, el cual tenía una visión acerca de los espíritus muy parecida a la de Kardec, aceptara este pensamiento filosófico y lo integrara a sus creencias religiosas.

Introducción

El creyente en santería requiere de una diversidad de objetos para realizar sus ceremonias y honrar a sus deidades. Igual sucede con los ingredientes que necesita el "espiritista" para trabajar con sus hechizos. Estos objetos se consiguen en establecimientos conocidos como botánicas. Según mi investigación, y los datos que aquí ofrezco, estos sitios tienen una gran demanda comercial debido a la gran cantidad de practicantes de estas creencias religiosas.

El objetivo de este libro ha sido ofrecer al lector un contacto histórico y cultural sobre las raíces de la santería. También es una lectura útil para todas aquellas personas que desean obtener más información sobre sus propias creencias religiosas.

Un encuentro con las raíces de la santería: Cultura y religión del pueblo yoruba

La cultura del pueblo yoruba en África fue la propulsora del desarrollo de la santería en Cuba. A continuación encontrará una breve introducción sobre Nigeria, cuna de la cultura yoruba.

Los esclavos transportados al Nuevo Mundo a principios del siglo XVI fueron traídos por buques europeos desde las costas occidentales de África. Esa área era llamaba Costa del Arroz, y comprendía el tramo que va desde Liberia hasta la Costa de Marfil. Costa de los Esclavos se extendía desde Togo y Dahomey hasta el Oeste de Nigeria, y Costa de Guinea desde Costa del Oro, hoy Ghana, hasta el Calabar, en Nigeria.

Capítulo I

En un principio se consideraba a estas zonas como un conjunto de tribus primitivas, pero hacia el primer milenio de esta era se estableció que había importantes imperios y reinos en el corazón de África.[1]

En estos imperios un hombre era privado de su libertad si debía dinero al reino, cometía un crimen o delito grave. Fue así como nació la primera *trata negrera*.[2] La esclavitud que se mantuvo en el África occidental antes de que los traficantes islámicos y cristianos la manejaran a sus propios usos era de índole doméstica.

Esta práctica era dirigida a las necesidades del palacio, del hogar, a tareas artesanales y al trabajo agrícola, pero jamás alcanzó la intensidad y el nivel de explotación y humillación que surgió eventualmente a través de las colonias europeas en la región del Caribe.

Al Este de esta región selvática se encontraba el reino de Ghana, el cual fue el primer gran imperio comercial de África occidental en la Edad Media, y cuya influencia se extendió desde el siglo VII hasta el XIII. Los bereberes cruzaban el desierto y llegaban hasta Ghana en interminables caravanas de camellos para comprar oro, marfil y esclavos.

En una amplia zona que comprende la Costa de Oro y la Costa de los Esclavos, que abarca desde Ghana a Nigeria hasta el río Níger, se desarrollaron una serie de reinos que surgieron y desaparecieron conforme fueron conquistados por sus vecinos. De esta gran zona fueron traídos al Nuevo Mundo una innumerable cantidad de africanos influenciados por la cultura yoruba.

---

1. Dahomey, Oyó y Benín.
2. Tráfico que consiste en vender seres humanos como esclavos, en este caso a los africanos.

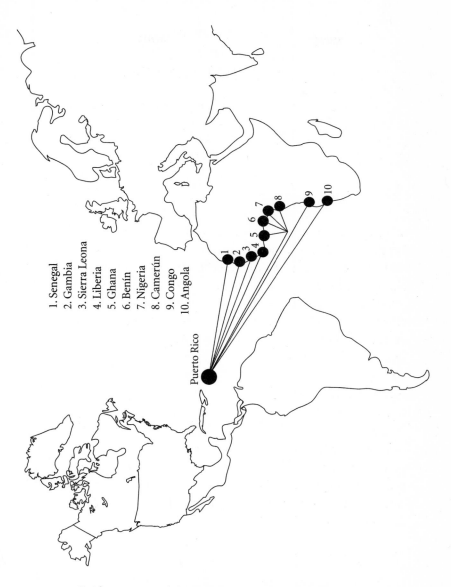

1. Senegal
2. Gambia
3. Sierra Leona
4. Liberia
5. Ghana
6. Benín
7. Nigeria
8. Camerún
9. Congo
10. Angola

Puerto Rico

Gráfica 1: Rutas del comercio de esclavos desde las costas africanas hasta Puerto Rico y el resto del Nuevo Mundo

Nigeria: Lugar de origen de la religión yoruba

El pueblo yoruba proviene de Nigeria y comprende un número importante de grupos étnicos como los egba, ketu, ijebú e ifé, entre otros. Procedían del antiguo Dahomey, de Togo y en su mayoría del Sudoeste de Nigeria, que limita desde la costa de Guinea, al Sur, hasta unos 330 km. al Norte y desde el Golfo de Benín, al Oeste, hasta el Dahomey, zona que se caracteriza por grandes bosques.

Su lenguaje oficial es el kwa. Este grupo proviene de la familia lingüística del Níger-Congo. Los estudios sugieren que esta lengua comenzó a escribirse en 1840.

La población actual yoruba (2007) llega hasta los 40 millones. Es un territorio mayormente adscrito a la República de Nigeria y al nuevo estado de Benín.[3]

Tres reinos principales protagonizaron la vida de la región hasta finales del siglo XIX. Situados de Oeste a Este: Dahomey, Oyó y Benín.

La región fue más conocida con el nombre de Dahomey, debido a que conquistó los demás reinos a finales del siglo XVII. Este es el primero de los tres estados yoruba. La localización de las principales ciudades, distantes de la costa, protegió a los yoruba del tráfico negrero implantado por los europeos a comienzos del siglo XVI. Las constantes guerras con el reino de Dahomey acabaron por debilitar sus ciudades. Al final se transformó en un suministrador de esclavos, y según iban conquistando territorios, vendían sus prisioneros a los traficantes europeos.

---

3. La República Popular de Benín, fue conocida con el nombre de Dahomey hasta 1975, fecha oficial en que cambió su nombre al de Benín.

El segundo gran reino es el de Oyó, en la sabana nigeriana. Fue sinónimo de poder político, y extendió su influencia desde el río Mosi, al Norte, hasta Lagos, al Sur, y desde los ríos Opara y Yewá, al Oeste, hasta los ríos Osí y Oshún, al Este. El territorio ocupaba un área de 45.000 km. en la que se asentaba una población de aproximadamente un millón de habitantes a principios del siglo XVIII. Oyó llegó a controlar 6.600 pueblos y aldeas y dominó el reino de Dahomey, el cual mantuvo un importante comercio con los europeos a través de Porto Novo.

La leyenda fija a Changó como cuarto rey de Oyó y quien trasladó la capital desde Old Oyó (Viejo Oyó) a Oyokoro. Changó derrocó a su hermano, cuyo carácter era más débil, y logró sentar las bases para hacer de Oyó uno de los imperios más memorables de la zona. Finalmente, después de abandonar Oyó cada vez que disgustaba con sus principales, se suicidó, según unos, ahorcándose de un árbol de ceiba y, según otros, enterrándose a sí mismo. Los practicantes de santería en el Nuevo Mundo, dicen que fue en un árbol de ceiba (ceiba pentandra), pero en realidad lo hizo en un árbol de iroko.

El parecido de ambos árboles se prestó para que el yoruba en el Nuevo Mundo identificara el árbol de iroko, comúnmente encontrado en su tierra natal, y no en Puerto Rico, con el árbol de ceiba, el cual forma parte de la flora caribeña.

Robert Smith (1969) cuenta que Changó era conocido como un gran mago y guerrero. Un día cuando practicaba su magia, cayó un rayo sobre su palacio y lo destruyó. Debido a su frustración, Changó se ahorcó en un árbol.

Benín es el tercer reino histórico del África occidental que extendió su poder desde el siglo XIII hasta el XIX. El territorio comprendía desde lo que hoy es Lagos hasta los márgenes occidentales del río Níger.

Desde el siglo XIII hasta el XVIII, Benín se convirtió en un próspero estado donde el comercio y las artes alcanzaron su máximo esplendor. El dominio de los metales proporcionó no sólo una superioridad en las guerras a través de las armas, sino que también fueron utilizadas para la elaboración de magníficas obras de arte, creando una esplendorosa iconografía dedicada a sus dioses de la creación.

De todos los reinos yorubas, la ciudad más importante en materia religiosa fue Ilé-Ifé. Allí se cultivó el espíritu y no el poder ni las armas, a diferencia de Benín, y se convirtió en un sitio sagrado respetado por sus vecinos.

Hoy día, la moderna Ifé, es una comunidad agrícola muy activa. Existen también poblaciones influenciadas por la cultura yoruba con un número elevado de habitantes en el Sureste de Dahomey y en Togo, las cuales ubican sus ancestros en los antiguos centros de Ile-Iyá e Ilé-Ifé, respectivamente.

El origen, costumbres, creencias o ritos yoruba lo encontramos a través de sus mitos y leyendas conservados durante siglos por medio de la tradición oral. Incluso, las historias de los reyes fueron conservadas por esta vía, dado que los *tamboreros* de la corte se dedicaban a cantar las mismas.

Para los yorubas, la ciudad de Ifé, cuyo nombre exacto es Ilé-Ifé (tierra de Ifé) es desde hace siglos una ciudad sagrada. La tradición sostiene que fue en ese lugar donde comenzó la creación del mundo. Las investigaciones realizadas por medio del carbono 14 han establecido su existencia desde el siglo IX d.C.

El siguiente es un mito yoruba sobre la creación, según un creyente en Puerto Rico:

"Olodumare, el dios creador, dio a Obatalá una calabaza llena de arena y un pollo con cinco dedos para que fuera a crear la Tierra. Obatalá sintió sed en el camino, tomó un poco de vino de palma, se embriagó y se quedó dormido. Olodumare, al ver que Obatalá no llegaba, envió a otra deidad llamada Oddúa a buscarlo. Al verlo dormido, se apoderó de la calabaza y del pollo, y descendió a lo que entonces era solamente agua. Oddúa vació el contenido de la arena sobre las aguas, mientras que el pollo iba, con sus cinco dedos, expandiendo la arena por todas partes. Así fue creada la Tierra. Después de Oddúa, otros dioses comenzaron a descender sobre la Tierra a través de una cadena de hierro y fundaron el bosque sagrado de Olose".

En muchas sociedades africanas, dichos "bosques" constituyen espacios cubiertos de densa vegetación y maleza, comparables a la selva, al interior de un poblado o ciudad consagrados a algunos poderes sobrenaturales, por lo que se les rinde culto. Allí es donde se encontraron las principales cabezas de divinidades que forman parte de la mitología yoruba, escondidas por los practicantes modernos y devueltas a los ritos contemporáneos.

En Cuba existe otro mito muy parecido al anterior, pero el personaje Oddúa no parece mencionarse en ninguna parte, sino que es Obatalá quien termina la creación, escogiendo a Ifé para culminar el encargo que le había dado Olodumare. Según este mito:

"Olodumare creó el mundo. En sus orígenes no era más que un gran pantano lleno de lagunas y de animales. Los orishas bajaban al mundo por medio de grandes telas de araña a cazar. Se le ocurrió a Olodumare la idea de crear la Tierra. El Ser Supremo, llamó a Obatalá y le entregó un puñado de tierra seca junto con el carapacho de una babosa. También le entregó un pollo de cinco dedos y una paloma. Obatalá bajó al mundo para buscar el lugar apropiado para echar el puñado de tierra seca. El lugar escogido fue Ifé. Una vez que hubo derramado la tierra, soltó al pollo y a la paloma quienes de inmediato empezaron a regar la tierra por todas partes hasta que gran porción del pantano quedó cubierto. Como Olodumare quedó muy satisfecho con la labor de Obatalá, lo envió de nuevo a la Tierra para que la poblara y embelleciera. Los dos orishas trajeron varios árboles, entre ellos la palma. También trajeron a un grupo de seres humanos creados por Olodumare para poblarla".

Es interesante ver cómo la historia de un pueblo puede cambiar tanto a pesar de provenir de un mismo núcleo cultural. Creo que la razón se debe al sitio de procedencia, pues el culto a Obatalá viene de Igbo, mientras que el de Oddúa proviene de la ciudad de Ifé.

De los mitos de la creación yoruba, se recoge una historia en donde Oduduwa llega a la Tierra como hijo del rey de La Meca, Lamurudu. Oduduwa se distinguía por influenciar y atraer muchos seguidores. Sus creencias se basaban en la idolatría, y tenía una mezquita en la cual adoraba a sus ídolos. También fueron perseguidas en La Meca al no ser aceptadas por la religión islámica, desatando una guerra civil, provocando la muerte de Lamurudu y obligando a Oduduwa a huir hacia el Oeste.

Oduduwa y sus seguidores se las ingeniaron para escapar con dos ídolos hasta Ilé-Ifé, lo que hoy es la moderna Nigeria. Posteriormente los hijos y nietos de Oddúa fundaron otras naciones yorubas en diversas regiones, haciendo crecer el imperio que había creado Oddúa. Al tiempo uno de los hijos de Oduduwa, Oraniyan quiso regresar a La Meca a vengar la muerte de su abuelo Lamurudu y en el camino se detuvo a construir la ciudad de Oyó, siendo este el Imperio que gobernó la deidad Changó.

Fue de este modo como Oduduwa se convirtió en el fundador y primer rey de la ciudad-estado de Ilé-Ifé, formando parte del panteón yoruba. Sus descendientes reinaron en el país yoruba y se estableció un linaje que aún existe. Todos los soberanos yorubas en la actualidad pretenden descender de los reyes de Ilé-Ifé.

No podría determinar si este mito surge por la influencia islámica que se dio por muchos siglos en Nigeria, debido a su proximidad territorial, o si realmente vino alguien de La Meca a Nigeria con la misión de organizar a los habitantes de la ciudad sagrada de Ilé-Ifé.

Muchos historiadores no creen que el yoruba provenga de La Meca. A pesar de que en el pasado el yoruba no conocía La Meca, decían que provenían del Este, exactamente la ubicación geográfica de La Meca. Por este motivo los yorubas orientan sus objetos hacia ese punto cardinal, así como también tienen presente el Oriente en sus ceremonias y ritos religiosos.

Los practicantes más antiguos de santería en Puerto Rico también colocan sus objetos de culto orientados hacia el Este. Cuando pregunté el motivo del ritual, me contestaron que lo hacían porque desde ese lado sale el Sol, Olorun, que es una de las manifestaciones de Olofi, y que cuando sale, bendice los objetos de culto de sus deidades.

Los practicantes en Puerto Rico no tienen conocimiento acerca del mito de La Meca, y por lo tanto no podrían decirme que esa es la razón para realizar el ritual.

Si comparamos los mitos de la creación que acabo de mencionar, y la historia con relación a la deidad Oddúa, podemos ver que existen entre los yorubas diferentes leyendas de cómo se formaron sus comunidades. Por una parte, Obatalá fue quien creó la Tierra, pero luego el mito cambia diciendo que debido a que Obatalá se quedó dormido, Oddúa termina la creación del mundo. Este suceso ha sido muy estudiado, pues algunos piensan que esta alteración en el mito evitó que hubiera discordias entre los obbas (reyes de Nigeria) y Oddúa, (hijo del rey de La Meca).

Robert Smith, en su libro *Kingdoms of the Yoruba* (Reinos del Yoruba), no acepta la teoría que acabamos de mencionar. En su opinión, Oddúa no vino del exterior de Ilé-Ifé, sino sé auto-nombró líder y organizó la sociedad yoruba bajo una misma cultura y lengua. Luego, las familias se organizaron y comenzaron a fundar reinos. Por esta razón, en los mitos y en las historias yorubas, siempre se termina diciendo que los reyes de los Estados Yorubas son descendientes de Oddúa.

Por medio de esta y otras historias se puede extraer las características de este personaje, el cual fue adorado por los yorubas como una deidad a partir de su muerte. Esta deidad poseedora de la responsabilidad de la creación también actuó como rey fundador y conquistador, motivando la expansión de un culto de adoración a ídolos, conocidos con el nombre de *orishas*.

La tradición oral de los yorubas y la continuidad de las ceremonias que actualizan esos sucesos, han traído hasta hoy la memoria de la historia de la fundación de los reinos, que a lo largo de los siglos han tenido relaciones de intercambio y conflicto.

Aún se desconoce el surgimiento de los reinos, ya que el pueblo lo ha mantenido en secreto. Siempre que se ha tratado de descubrir el misterio, todo apunta a Ilé-Ifé y a la historia mitificada de Oddúa, el cual es otro mito del mundo yoruba.

Su cosmovisión es muy antigua. Sus "mitos de creación" aún se conservan en el Nuevo Mundo entre los seguidores de las creencias yorubas, y siempre por vía oral. El mito revela cómo se transponen al tiempo mítico las determinaciones del tiempo histórico. Éste supone que de Ifé, ciudad sagrada, se dispersaron los nietos de Oddúa —fundador legendario— y que sus nombres dieron a su vez nombre y origen a la primera generación de los estados Yoruba: Owu, Ketu, Benín, Illa, Sabe, Popo y Oyó.

Dejando a un lado los sistemas políticos yorubas, y entrando en materia religiosa, cabe decir que ellos creían que el orden de las fuerzas cósmicas puede ser perturbado por acciones inmorales cuyo efecto es desequilibrante y perjudicial para la humanidad, la naturaleza y para sus autores.

11

Los yorubas también creían que, dependiendo de la cantidad de historias vividas que tuviese un grupo determinado, pueden acumular una gran cantidad de ashé, el cual se encarnan en determinados objetos. Los objetos son sagrados y se encontraban dentro del hábitat de los yorubas, con el fin de rendirle tributo a los orishas, y se trasmitían desde los ancestros a las comunidades sucesivas a través de sus patriarcas o reyes, intermediarios entre el mundo trascendental y el mundo visible.

En la tradición yoruba también es importante la atención a los antepasados llamados eggun. Este modo de ver la vida es característico de su cultura y va más allá de un reflejo religioso. Sus principios filosóficos se orientan hacia resaltar de forma fehaciente el valor que tenía la persona cuando vivía recordando sus aptitudes.

De esta forma es casi obligado mantener una conexión con estos seres aún después de partir, como una especie de recompensa por lo bueno que hicieron en vida, además de mantener un canal abierto para ser protegidos, guiados y aconsejados desde el otro mundo.

Los requerimientos de eggun se conocen a través de los oráculos adivinatorios de la religión. Gracias a ellos, eggun puede manifestar sus necesidades con la finalidad de mantener una armonía entre el plano terrenal y el plano en que ellos habitan, y poder así mantener una relación de ayuda y orientación a sus protegidos aquí en la Tierra.

En los oráculos, eggun también puede resaltar la necesidad de realizar una "misa de investigación espiritual" para definir de manera más precisa algún problema o manifestar mensajes de importancia relevante. En dichas misas espirituales, eggun puede manifestarse en el cuerpo de algún médium o transmitir mensajes a través de la videncia de una persona receptora.

Este tema sobre el culto a los egguns y las "misas espirituales" será tratado más adelante, pero es importante mencionarlo aquí para poder entender por qué encontramos luego estas creencias en Puerto Rico y otros lugares del Caribe.

Desde siempre, el yoruba ha estado arraigado a la adoración de un panteón repleto de deidades llamadas orishas, quienes en los comienzos de la humanidad, funcionaron como "embajadores del cielo". Su papel fundamental era el de organizar al ser humano, no sólo en el aspecto religioso, sino también en el social.

La presencia de Oddúa fue de profunda relevancia, por ello su importancia dentro de la cultura yoruba, donde alcanzó un gran poder en el ámbito religioso gracias a la mistificación a la que fue sometido. Se puede decir que se le dio la posición que realmente le correspondía: la de un dios que gobernó a un pueblo elegido, ya que era considerado por los yorubas como un Dios-hombre, y por tal motivo, forma parte del panteón de los orishas.

Mientras la ciudad Ilé-Ifé fue para los yorubas su centro religioso, los otros reinos yorubas acrecentaron su economía y los sistemas políticos. Las bases de sus creencias religiosas se encuentran en Ilé-Ifé, como por ejemplo el culto a Ifá, el cual tiene una gran importancia cultural y religiosa en la vida de los yorubas. Este culto se expandió rápidamente por todos los estados de la región yoruba. Vemos que en Nigeria, situada a una hora de la capital de Lagos, en la ciudad de Odé Remo (Estado de Oggún), se sitúa uno de los más importantes centros de culto a Ifá y en la ciudad de Oyó floreció durante el siglo XVIII.

La división de los Estados Yorubas en dieciséis provincias ha permanecido hasta la actualidad. Estas divisiones corresponden a los dieciséis odduns de la consulta al Ifá, culto que fue llevado a la ciudad de Ilé-Ifé, por un hombre de nombre Orúnmila o Orula. Los antiguos sacerdotes poseedores del secreto y el culto a Ifá, son conocidos en África con el nombre de *babalawos*, y se les considera pertenecientes a la estirpe de los sacerdotes guerreros.

De las creencias del Ifá, se desprendían los sistemas de adivinación yoruba, donde los babalawos, eran los únicos que podían utilizar y conocer a fondo este sistema. Eran contratados por los reyes para las consultas de adivinación. En Cuba y Puerto Rico aun utilizan este método conocido como Ifá.

Es por su relación con este método, que el fundamento de Oddúa pertenece a los babalawos, secreto que le es entregado en las ceremonias de iniciación. Recibir el fundamento de Oddúa dependerá del estado del interesado, lo cual siempre tiende a manifestarse en torno a la salud, quizás por la marcada influencia que tiene el orisha sobre la vida y la muerte, además del pacto que éste tiene con la Tierra.

Los babalawos son los únicos que tienen la potestad de entregar el fundamento sagrado de Oddúa. También me comentó un oriaté llamado Odduanlá, que este fundamento es entregado a los iniciados en los secretos de la deidad Oddúa.

Quien recibe el fundamento de Oddúa debe llevar una vida dedicada a las buenas costumbres, debido a que esta deidad representa la moralidad y la pureza de pensamiento. Por lo tanto, se le exige estabilidad de mente y espíritu. Generalmente, es recibido por hombres en su edad madura.

Por ser "el dueño de la soledad", los fundamentos de este orisha deben estar escondidos donde no puedan ser vistos por ojos profanos y lejos de la actividad cotidiana de las personas.

Otro de los calificativos que recibe Oddúa es el de "rey de los muertos", debido a que fue el primero al que los yorubas le rindieron culto después de muerto. Debemos recordar que Oddúa llegó del cielo por mandato de Olodumare, pero vivió en la Tierra en forma humana hasta su muerte. Después de ser adorado como un Dios-hombre, pasó a ser mitificado, reinando entre los antepasados del pueblo yoruba.

Los yorubas consideran que la cabeza del hombre orí comporta, como su cuerpo, una realidad exterior. La parte interior de la misma es la sede del pensamiento.

Esta concepción, así como la existencia de altares y cultos consagrados a la cabeza, se han encontrado en muchas sociedades africanas contemporáneas. La importancia de las cabezas procede de sus mitos de creación y se asocia con las deidades Oddúa y Obatalá, que, en ocasiones, son vistas como una sola y en otras como deidades separadas. Ambas son muy importantes por estar asociadas a los mitos de la creación yoruba, a la fundación de la ciudad de Ilé-Ifé y a la formación de los Estados Yorubas.

Los creyentes en santería le tienen mucho respeto a las cabezas. Para ellos es allí donde reside el orisha tutelar de cada persona o su ángel de la guarda.

Ilé-Ifé era el centro divino de la realeza, el centro del mundo, mientras que Oyó era el poder político, militar y económico de los Estados Yorubas. La estructura política de Oyó era una confederación que se organizaba en base a un concilio de nobles conocido como Oyó Mesi, el cual era designado por el rey o Alafin. Este concilio tomaba decisiones importantes en la política y la sociedad de Oyó. Cada miembro del concilio era también un jefe religioso, el cual mantenía un altar dedicado a cierta deidad o deidades de su localidad, y obligaba a sus seguidores a celebrar las ceremonias importantes relacionadas con el culto a las deidades.

Quizás debido a esta diversidad de cultos independientes, los yorubas al llegar a Cuba no tuvieron una religión unificada, creando problemas entre las tribus por querer imponer cada uno su forma de culto como sucedió en África.

Esta desunión puede manifestarse en la actualidad entre los practicantes en Puerto Rico cuando se visitan las casas de santo.

En el centro de la ciudad de Ilé-Ifé se encuentra el Afin o palacio del rey, que sigue siendo considerado como la cabeza espiritual del pueblo yoruba tanto en Nigeria como entre los descendientes de éstos en el Nuevo Mundo. El palacio lleva el nombre de Olofin Oddudúa (Oddúa).

En los Estados Yorubas, un rey no podía llegar al poder a menos que recibiera de manos del Oni (rey) de Ilé-Ifé una espada y un tablero de madera conocido como Igba Iwa. El tablero era utilizado por los babalawos de confianza del rey para la consulta de adivinación del Ifá. Hoy en día lo usan los babalawos en Puerto Rico y en otros países donde se realizan estas prácticas.

Los tableros y otros íconos que representan a las deidades yorubas son de suma importancia artística en su cultura. La fe yoruba quedó plasmada mediante obras de arte, dibujos y esculturas relacionadas con sus mitos.

El arte de las comunidades más antiguas se distinguió por las creaciones escultóricas, alfareras y ceramistas. Sobresalen los bajorrelieves, las tallas en madera y las máscaras y cabezas humanas.

El arte de la escultura sobre madera o marfil ha producido obras que se encuentran entre las más bellas realizaciones del continente africano. Se destacan las estatuas del palacio del "olowo", en Ilé-Ifé, el refinamiento extremo de las pequeñas portadoras de copas, los enanos de la corte, las estatuillas de Ibeji y también las varas de Eshu u ose Changó.

Los artesanos estaban organizados en gremios. Al igual que en Ilé-Ifé y en Oyó, produjeron maravillosas esculturas en marfil y en madera. Trabajaron también el latón y el bronce y construyeron valiosos bajorrelieves, máscaras y esculturas.

Cabe resaltar que las máscaras hechas por los yorubas no sólo tenían un fin artístico, sino también religioso, ya que su arte va unido a sus creencias.

Entre las esculturas africanas se puede ver algunas con surcados de arrugas, otras de personas con enfermedades, enanismo y elefantismo. El interés por la deformidad, según Michéle Coquet (1998), se constata en un mito donde se concedió al dios Obatalá la tarea de crear la raza humana. Pero Orishanlá, una de las manifestaciones o "caminos" de Obatalá, se embriagó con vino de palma y fabricó una primera humanidad de enanos, gibosos, cojos y albinos.

Esa humanidad tarada constituyó desde entonces la humanidad de Orishanlá y fue protegida por los adeptos del culto rendido al Dios. Este mito puede ser también la explicación de las anomalías que pudieron haber ocurrido al principio de la creación, por no tener los yorubas una explicación científica para las mismas.

Las esculturas eran sinónimo de fe. Los objetos de arte eran muy importantes porque creían que una vez que una persona moría, su espíritu en cierto modo habitaba en los objetos que fabricaban. Las esculturas y los objetos eran considerados como algo sagrado y eran parte de su hábitat. Los byeri —tribu yoruba— por ejemplo, consultaban y hablaban a sus esculturas mientras las frotaban con aceite de palma como si se tratase del antepasado.

Los yorubas afirman que una vez una pieza sagrada es tocada por una persona profana, ésta pierde su valor religioso y espiritual. En Puerto Rico, los santeros o santeras, términos que denominan a los sacerdotes o sacerdotisas iniciados en santería, tampoco permiten que personas no iniciadas en su religión toquen los objetos de culto. Estas similitudes ayudan a entender muchas de las costumbres africanas que todavía existen en algunos lugares del Nuevo Mundo.

El arte yoruba no sólo se puede percibir en su iconografía y estatuas. La música también mantiene un lugar importante y está indisolublemente unida a los cultos religiosos y a la liturgia yoruba.

Lo más característico es el predominio de los tambores y especialmente la presencia de los tambores "batá" (creación exclusiva del pueblo yoruba). Consta de una orquesta de tres tambores llamados "Iyá", "Itótele" y "Okóngolo", los cuales son tocados por tres tamboreros.

Para los yorubas "los batás hablan lengua" y cada uno de sus toques sagrados se inspira en leyendas atribuidas a sus deidades.

La influencia de los tambores llegó a Puerto Rico por medio de los practicantes de la santería procedentes de Cuba. Al ritmo de los batá se unen coros que evocan las deidades, así como danzas litúrgicas. Los coros secundan a los tambores y las danzas son ejecutadas por bailarines que imitan las fuerzas naturales y los poderes atribuidos a los orishas.

Magia y religión: Creencias de la cultura yoruba

Hacia 1991, esta religión es quizás la que cuenta con el mayor número de practicantes (más de 15 millones) en Nigeria y países limítrofes, como Benín.

El sistema de los oráculos, la magia y la brujería en África forman un sistema coherente tanto a nivel del pensamiento como de la acción, y en su calidad de instituciones sociales tienen importantes consecuencias en la comunidad.

La antigua magia era el verdadero fundamento de la religión. El creyente que deseaba la protección de alguna deidad no tenía probabilidades de éxito a menos que comprara la bondad de las deidades por medio de ciertos ritos, sacrificios y oraciones.

Los yorubas creen en el *animismo* (creencia en seres espirituales). Estas creencias nacen en respuesta a una necesidad intelectual: el deseo de encontrar una explicación a los fenómenos fisiológicos de la vida, los sueños y la muerte. Su vida gira alrededor de la religiosidad, el Ser Supremo y sus dioses han sido siempre los responsables de todos los hechos, tanto de sus alegrías como de sus penas. Todo lo que puede hacer el hombre es consultar el oráculo para conocer la voluntad de los dioses y poder obedecer sus consejos y mandatos.

Los yorubas creen en un Ser Supremo llamado Olofi, pero esta deidad tiene otras manifestaciones por las que es conocido también como Olodumare, creador de la vida, y Olorun, que es la energía vital del Sol.

Olofi-Olodumare-Olorun

Creador del cielo   Creador de la Tierra   Energía del Sol
y la vida humana

Gráfica 2: Concepto del Ser Supremo en la filosofía yoruba en sus tres manifestaciones.

Para los yorubas, la creación fue idea original de Olofi en su manifestación de Olodumare, quien es la deidad más importante. Olofi, es visto como un Dios impersonal, el cual no es nombrado ni existe su definición. Fue un invento de los yorubas llevados a Cuba, debido a la influencia católica donde el Dios cristiano se percibe en una divina trinidad.

Olodumare es la deidad que sostiene y gobierna el planeta y tiene el poder de dar la vida o la muerte a todos los seres que habitan sobre la Tierra. Olofi y Olodumare son una misma esencia, así como también lo es Olorun, la energía que irradia del Sol.

La palabra "Olo" significa *dueño*, "Odu" *mundo* y "Mare" *regresaremos*. La unión de estos tres conceptos resulta como: "el dueño del mundo donde regresaremos". Olodumare en lengua yoruba significa *el omnipotente Dios que existe por sí mismo*; *el dueño del mundo*. En cuanto a la palabra Olorun, he podido encontrar que "Olo", como ya había mencionado, significa *dueño* y "Orun" significa *cielo*. De aquí resulta: el "dueño del cielo". Aunque la palabra "Orún", con acento, significa también *el Sol*, es posible que se indentifique con la vitalidad del Sol a esta manifestación de Olofi.

En Puerto Rico existe un culto a Olorun, practicado por los creyentes en santería. Esta ceremonia se conoce como ñangareo (culto al Sol), y procede del pueblo de los Hausa en Nigeria, descendientes de la estirpe de Oddúa. Por tal motivo los iniciados en los secretos de Oddúa y Obatalá son los únicos que pueden presidir esta ceremonia, aunque en el Nuevo Mundo los santeros iniciados en los secretos de otras deidades la presiden.

La religión de las sociedades tradicionales yorubas se caracteriza por el culto a un conjunto de divinidades llamadas orishas, quienes fueron creados por Olodumare y son intermediarios entre los hombres y Olofi. Los orishas fueron ancestros que en vida acumularon el conocimiento y el dominio sobre las fuerzas naturales y la humanidad, en virtud de lo cual transitaron un día de la condición de hombres a la de dioses. Cada uno personifica ciertas fuerzas de la naturaleza y se relaciona a un culto que obliga a los creyentes ofrecerles alimentos, sacrificios y oraciones para apaciguar sus iras y atraer sus favores.

En muchas culturas, se piensa que el Dios supremo está mucho menos interesado en los asuntos de los hombres que los dioses o espíritus menores, de los que se piensa que desempeñan un papel considerable en la vida diaria. Muchos pueblos africanos hacen sacrificios y prefieren invocar a los fantasmas de los muertos y a otros espíritus, pero no intentan establecer relaciones personales con el Dios Supremo.

En la religión yoruba, los orishas juegan un papel importante por ser la base de su religiosidad. Según sus creencias, éstos vivieron con el hombre en el principio de los tiempos y es, en ese momento, en el que nace la humanidad. Estos semi-dioses dejaron al morir una gran huella en la cultura yoruba reflejado en su arte. El origen se puede encontrar también mediante sus mitos de creación. En este caso es la deidad Yemayá, asociada con el mar y la responsable del nacimiento de todos los orishas, quien es considerada como la diosa de la fecundidad y la madre por excelencia.

En el siguiente mito se puede observar claramente que los orishas nacieron del mar, o sea, de la deidad Yemayá, concepto que se puede recoger en otras culturas del mundo, ya que para el hombre "primitivo" el agua era un renacer o un nacimiento.

En este mito vuelven a figurar las deidades Obatalá y Odduwa o Oddúa, pero aquí aparecen como parejas. Es curioso, pues en ocasiones son representados como una contraposición, otras veces son una misma persona y ahora aparecen como esposos. El mito dice:

"Aggayú y Yemayá fueron los únicos hijos de la pareja creadora Obatalá-Oduduwa. Aggayú se casó con su hermana y tuvieron un hijo llamado Oraniyán. Oraniyán violó a su madre, quien aterrorizada escapó de las garras de su hijo. Después de mucho correr, Yemanyá se acostó exhausta en la orilla del mar, donde murió. De sus entrañas brotaron los orishas".

Según este mito, la creación de la humanidad comenzó mediante el siguiente diagrama cronológico:

Olodumare
(Ser Supremo, aliento de vida)
Obatalá-oddúa
(Deidades responsables de terminar la creación)

Hijos
Aggayú y Yemayá
(Tierra) (Agua)

Hijo
Oraniyán-Yemayá

Gráfica 3: Orishas

La filosofía yoruba en cuanto a la creación de los orishas ha sido también encontrada en otros libros de investigadores cubanos como el de Lydia Cabrera (1974). Pero si nos remontamos a la historia de África, encontramos el personaje de Oraniyán que aparece como hijo de Oddúa, quien sucede a su padre en el poder. Según Robert Smith (1969), Changó es hijo de Oraniyán y es éste quien sucede a su padre en el poder, pasando a ser esta deidad Alafín (rey) de Oyó.

La idea del nacimiento de los orishas no queda clara, ya que en el primer mito de la creación presentado en este capítulo afirma que éstos bajan por una cadena a la Tierra una vez que Obatalá termina la creación. Es como si Olodumare los hubiera creado y enviado a la Tierra con una misión para cada uno, algo que parece muy lógico, pues es Olofí quien le da a cada orisha los poderes que poseen para dominar cada aspecto de la naturaleza, poderes que se explicarán más adelante.

23

Como sucede en muchas culturas, los mitos no siempre se mantienen intactos. Todo depende de las circunstancias del pueblo que los revive, los modifica o los olvida.

La ciudad de Ilé-Ifé continúa siendo para sus creyentes el lugar de origen del mundo, de los orishas y de la religión yoruba. Fue de allí de donde surgieron una gran cantidad de mitos y leyendas que el yoruba conservó por muchos siglos, así como sus descendientes en el Nuevo Mundo.

Para ellos, la religión está ligada a la noción de la familia en el sentido de que cada culto engendra una hermandad religiosa que se deriva justamente del orisha o antepasado común, la que abarca a los vivos y a los muertos y supera los vínculos de sangre.

Los ancestros eran adorados mediante piedras. El yoruba pensaba que en éstas habitaba la energía de algún familiar. Las piedras se encontraban en sus casas dentro de algún recipiente que le fuera afín a ese antepasado, lo mismo sucedía con las piedras destinadas a cada orisha. Según la tradición, el hombre, al morir, iba al cielo a encontrarse con Olofi a quien daba cuentas de todas las cosas malas y buenas que había hecho durante su paso por la Tierra. Olofi en su infinita sabiduría lo comprendía todo y mandaba a buscar al orisha protector del individuo para que éste le contase cómo se había comportado con las demás deidades durante su vida, premiándolo por sus ofrendas y su celo religioso por medio de la vida eterna de la siguiente manera:

"Lo convertía en lluvia y de esta forma descendía hasta la Tierra, donde se dirigía hacia los ríos hasta llegar al fondo y se transformaba en una piedra. Unos tres meses después de muerto, sus familiares se iban al río, haciendo grandes ceremonias, acompañados de un sacerdote y vestidos todos de blanco. Al encontrarse dentro del agua y con el permiso del babalawo que lo asistía, con los ojos cerrados, una persona allegada al difunto introducía la mano derecha hasta tocar una piedra en la que la persona sentía el espíritu de su familiar. Esta piedra se extraía del río y rápidamente se envolvía en un pedazo de tela del color preferido del muerto. Al llegar a la casa, la piedra era depositada dentro de un recipiente, el cual simbolizaba la habitación o cuerpo donde iba a vivir el espíritu. A partir de ese momento, los otanes eran reverenciados por todos los familiares, los cuales le llevan ofrendas y un poco de la comida diaria".

A estos ancestros se les atribuía la capacidad de controlar las fuerzas de la naturaleza y la de conocer las propiedades de las plantas, por esto después de su muerte sus familiares querían mantenerse en contacto con este pasado para que le transmitiera su ashé por medio de un objeto.

El yoruba utiliza las piedras u otanes para mantener este contacto, ya que en las piedras residen los secretos y el poder de cada orisha. Esta práctica se puede observar actualmente entre los creyentes de las creencias yorubas quienes buscan de esta misma forma los otanes de los orishas, y luego los guardan dentro de unos recipientes en sus casas a los cuales llaman soperas.

Tanto los yorubas, como los seguidores de estas creencias pensaban que para que esta energía se mantuviera pura, era necesario que los parientes del ancestro alimentaran su piedra mediante la práctica de sacrificios. Éstos consultaban —y hoy en día también lo hacen— los oráculos para saber qué animal u ofrenda necesitaba el ancestro. Dependiendo de la respuesta, procedían a derramar la sangre de los animales sobre la piedra debido a su simbolismo de vida.

Según Frazer (1944), la magia que se practica en muchos lugares de África debe ser definida como magia homeopática o imitativa. En este tipo de magia se cree que el individuo puede dominar su mundo y lo sobrenatural. Compra a sus deidades con ritos y sacrificios para poder conseguir de éstos lo que necesita y para poder controlar su mundo, la naturaleza, las enfermedades, o su suerte.

Siguiendo la línea de Frazer, el fin primordial que persigue el yoruba, en toda actividad religiosa, es el de hacerle ofrendas y ritos a sus deidades para así asegurar un favor.

Por tal motivo, las ceremonias son una parte esencial en la cultura de los yorubas debido a que el individuo se acerca y se consagra más a sus deidades. Así como las ceremonias, la adivinación juega un papel importante. Por medio de ella el creyente se comunica con sus deidades y puede saber qué necesita la deidad para así poder complacerle.

Cuando los yorubas fueron traídos en calidad de esclavos al Nuevo Mundo, no trajeron sus objetos de culto para practicar sus sistemas de adivinación, ni los emblemas o estatuas representativas de sus deidades, pero sí trajeron su conocimiento, fe y una fuerte tradición oral que permanece en la actualidad. Esta fe no fue olvidada debido a que lucharon constantemente por sus creencias ante la amenaza del cristianismo. Y de esta lucha constante del africano, es de lo que trata el siguiente capítulo.

Capítulo 2

La esclavitud en las Antillas: Aporte cultural africano a las islas

Durante cuatro siglos llegaron a Puerto Rico esclavos procedentes de diversas zonas de África occidental al igual que de diferentes zonas del Caribe, los cuales aportaron una diversidad de creencias y costumbres a la cultura del país.

Los miles de africanos arrancados de las costas occidentales no provenían de una sola cultura. Por tal razón es posible apreciar en Puerto Rico diferentes costumbres y tradiciones africanas que se fueron afirmando con el continuo flujo de esclavos procedentes de diferentes regiones. Así, llegaron esclavos de diferentes etnias africanas, desde la cultura *mendé*, de Sierra Leona, hasta la *bantú*, procedente del Congo.

La ignorancia de su procedencia cultural causó un gran problema entre los esclavos. Fue en Cuba donde, por ejemplo, el yoruba se encontró con sus enemigos los jejes, del reino de Dahomey, y con un gran número de congo-angoleños.

Muchas revueltas sangrientas obligaron a los colonizadores a separar en lo posible a los esclavos en conflicto. De esta forma se crearon los cabildos por grupos de esclavos cuyas costumbres y creencias eran afines.

Muchos historiadores afirman que la razón por la cual hubo una alta población yoruba en el Nuevo Mundo fue debido al dominio que ejercían en la parte centro-occidental de África a través de vastos imperios como el de Ifé, Oyó, Abeokutá, Dahomey, Ibadan, Ogbomosho, Oshogbo, Iwo e Ilorin, los cuales controlaban aproximadamente ochenta poblados yorubas, además de muchas otras naciones africanas, imponiendo su amplio poderío económico, político y militar.

Las creencias en Cuba tomaron una cierta homogeneidad a través de las prácticas de santería por parte del yoruba, mientras que en Puerto Rico, al no existir tal agrupación cultural, las prácticas de origen africano fueron diversas y tienden a aglomerarse con un solo nombre: espiritismo.

Población esclava en las Antillas

Cuenta la historia que fue Colón quien llevó a las Indias los primeros rizomas de caña de azúcar en su segundo viaje en 1493. El azúcar tuvo un gran auge en la isla La Española. En 1501 se comenzaron a cortar los primeros tallos del novedoso cañaveral. Hacia 1506 se molió el primer producto, y en 1516, se construyó el primer ingenio azucarero con molienda accionada por la fuerza del agua.

También en 1501 se comenzó a exportar a La Española los primeros esclavos para trabajar en los cañaverales. El experimento tuvo éxito. Se comprobó que la producción de azúcar era rentable, y a lo largo de la colonización, mayores extensiones de terreno llegaron a ser víctima de la agricultura de monocultivo.

Los ingenios azucareros acumularon la mano de obra necesaria para convertirlos en una gran empresa. Los nativos, que sobrevivieron a la cruel ocupación de tierras que se perseguía tras la conquista, no estaban acostumbrados a estas nuevas exigencias. Es entonces cuando la corona española autoriza a reemplazar a los indios por una nueva fuerza de trabajo.

A principios del siglo XVI, los navíos españoles comenzaron a traer africanos a Puerto Rico en calidad de esclavos para trabajar en la agricultura y en especial en las haciendas azucareras. Lo mismo ocurrió en Cuba, La Española y Jamaica. En el caso de Cuba, la población negra fue mayor debido a que allí siempre se mantuvo en auge la producción de las haciendas azucareras.

La corona española favoreció la trata de esclavos en el Nuevo Mundo. En el año 1517, el gobierno de Carlos V autorizó a un flamenco llamado Lorent de Gorrevod a embarcar 4.000 negros a La Española, Cuba, Jamaica y Puerto Rico.

La idea de traer mano de obra esclava al Nuevo Mundo no fue tomada a la ligera, ya que los españoles conocían el beneficio de la mano de obra esclava africana. Según algunos documentos, entre los años 1306, 1333 y 1390, se habían vendido esclavos a Cataluña, Aragón y Sevilla. En el año 1565 en Sevilla había 6.327 esclavos trabajando en las minas. En Cádiz, en 1616, había unos 500 esclavos. Durante esta época hubo un considerable tráfico de esclavos a través del Sahara hacia el Norte de África en su ruta a Europa.

Antes de iniciarse la exportación de esclavos africanos al Nuevo Mundo, los primeros esclavos en llegar fueron ladinos.

Eran africanos, pero se les llamó ladinos por su procedencia directa desde el sur de España, y ya habían asimilado la cultura española.

Estos esclavos fueron obligados en los cabildos de Sevilla a convertirse a la religión católica, aunque no existe constancia que hayan dejado sus dogmas atrás. Es muy posible que hayan sido los precursores de las diferentes creencias formadas en Cuba, La Española y Puerto Rico, camufladas con la doctrina católica.

En 1394, el arzobispo Gonzalo de Mena fundó el primer cabildo en Sevilla para ayudar a esclavos que fueron abandonados por sus amos debido a una crisis de peste y hambruna. Este cabildo sería el precursor de los creados en el Nuevo Mundo, como un refugio legal donde los esclavos practicaron sus creencias religiosas a escondidas de sus amos.

El comercio de esclavos fue cruel y devastador. Cerca de las costas se formaron ciudades dedicadas a esa práctica. Allí esperaban a los buques españoles donde eran vendidos a los que serían sus amos en el Nuevo Mundo. El pago se hacía en especie y muchas veces en *cauris* (pequeñas conchas marinas utilizadas por algunos de estos pueblos como divisa).

Como ya se ha explicado, los esclavos, en su gran mayoría, procedían del antiguo reino de los yorubas. Igualmente, incorporados a los embarques, se trajo a las islas antillanas esclavos de las tierras de ewe, evé, o como se les llamó en Brasil, gege o gagá.

Los ewes, creadores de los ritos del vudú, abundaron en las colonias francesas y en el área de Bahía, en Brasil. En lo que antes se conocía como La Española, se han conservado las prácticas y ritos de los ewes bajo el nombre de vudú, en Haití y gagá, en la República Dominicana.

También fueron traídos africanos naturales del Calabar, una cultura mixta sudanesa-bantú, clasificados en algunos tratados como semi-bantús. Éstos pasaron a llamarse *carabalíes* en el Nuevo Mundo. El gentilicio de carabalí se deriva de *karabari*, nombre de una de las tres tribus que habitan en el delta del río Níger.

Igualmente se piensa que llegaron esclavos procedentes del Congo. Bajo la denominación de *congos,* entraron al Este de Puerto Rico unos 434 "bozales" que llegaron en una embarcación llamada *Majesty.* En 1714, había en este país unos 80 esclavos que se habían fugado de las islas de Santo Tomás, Santa Cruz y San Martín en busca de su libertad. Allí serían libres siempre y cuando juraran lealtad a la corona española y se convirtieran al catolicismo.

En 1760 los nuevos inmigrantes formaron un poblado negro al norte de la isla, en el núcleo urbano de San Mateo de Cangrejos, lo que hoy se conoce como Santurce, y se expandieron hasta lo que hoy es Río Piedras. Vivían en chozas de paja en Boca de Cangrejos, como también se le conoció. En 1797 había alrededor de 180 chozas abrigando unos 700 habitantes.

Entre los esclavos traídos a Puerto Rico desde las islas de Curaçao, Jamaica, Santo Tomás, así como de las demás islas colonizadas por holandeses, ingleses y daneses, predominó la sangre de los fanti, los ashanti, de la Costa del Oro, y en menor grado, de los carabalíes, de Nigeria. Entre los traídos de las islas francesas, abundaron los elementos tribales yoruba y ewe, de Dahomey, y en segundo término, jelofe y fila del Senegal. Por último, la sangre bantú llegó por vía indirecta desde el resto de las islas antillanas.

Según archivos, el total de individuos de origen africano que la trata esclavista dejó en nuestras playas desde el año 1509 hasta 1860 aproximadamente, oscila entre cincuenta y setenta mil, incluyendo ladinos traídos desde España. Aquí no se incluye la cantidad de esclavos que entraron a Puerto Rico de contrabando.

Durante dos siglos el Norte de Puerto Rico tuvo una alta población negra dedicada al cultivo. A partir de 1794, el Sur y el Sureste de la isla alcanzaron la proporción más alta en toda su historia cuando las haciendas del Sur tuvieron un mayor auge en la producción azucarera. Este florecimiento incitó a traer esclavos de otras islas del Caribe, además de los que provenían de las costas africanas.

El auge azucarero de principios del siglo XIX había hecho que Guayama, pueblo al Sureste de Puerto Rico, se convirtiera en una de las regiones más prósperas. Al mismo tiempo Guayama —actualmente con un alto índice de población africana— se inundaba de bozales, que traídos a la isla desde África, junto a los esclavos nacidos en América, se convertirían en la principal fuerza de trabajo de estas haciendas azucareras. Según Guillermo Baralt (1981), desde 1802 hasta 1828, el número de esclavos criollos y africanos se triplicó de 660 a 2.373.

El 22 de marzo de 1873, el gobierno español decidió conceder la libertad total a los esclavos en Puerto Rico. Cuba la consiguió en 1886. La abolición de la esclavitud en el Nuevo Mundo no fue fácil de lograr debido a las muchas ganancias que dejaba esta mano de obra en las haciendas azucareras.

La lucha del esclavo por la supervivencia

A partir de 1502, el tráfico de esclavos se estableció entre África y el Caribe. A medida que llegaron a Cuba, los españoles los dividieron en cofradías cerca de los ingenios de caña. Estas cofradías estaban compuestas por una unidad administrativa llamada *cabildo*. Los cabildos, o barracones, eran lugares donde vivían miles de familias esclavas. Funcionaban bajo la autoridad de la Iglesia Católica y eran sociedades de beneficencia que defendían los intereses de los miembros de la etnia que se agrupaba entre ellos.

Los barracones que se formaron en Puerto Rico no eran tan numerosos si se comparan con los grandes cabildos en Cuba, pero la aglomeración de los esclavos en las haciendas azucareras favoreció, en ambas islas, la preservación de sus creencias. Los esclavos aprovechaban la flexibilidad que le daban sus amos los domingos y días religiosos para recrearse en sus bailes, cantando y tocando el tambor. Fue así que camuflaron por medio de la música y la doctrina católica una serie de creencias que se mantienen hoy en la cultura puertorriqueña.

Entre los grupos de esclavos había individuos con un gran conocimiento de ritos y costumbres quienes lucharon por mantener sus tradiciones en estas nuevas tierras. Ellos enseñaron a las nuevas generaciones sus creencias y proporcionaron un gran enlace cultural entre África y las islas antillanas.

También llegaron sacerdotes —babalawos— expertos en estos cultos quienes enseñaron a sus sucesores el conocimiento y uso de los objetos destinados a la adivinación, así como hombres y mujeres iniciados en los secretos de las deidades africanas conocidos como babalochas e iyalochas.

Todo esto trajo al Nuevo Mundo un gran conocimiento de los cultos religiosos que practicaban en África.

Músicos especializados en la percusión de tambores dejaron en estas tierras sus ritmos musicales los cuales aún se conservan en la música folklórica y tradicional de los países antillanos.

Debido al interés español en evangelizar a los esclavos, cada cabildo estaba dedicado a una deidad católica. Los evangelizadores presentaban la imagen del santo para que los esclavos se identificaran cada vez más con la fe católica. El esclavo accedió a la fe y al bautizo, atendiendo a misa los domingos como cualquier creyente.

Pero éste, en su mentalidad creativa, al conocer mejor el santoral católico, comenzó a asociarlo con sus deidades africanas del panteón yoruba. Esta analogía se desarrolló en Cuba, Brasil, La Española y Puerto Rico. Los atributos que tenían las imágenes católicas eran muy parecidos a los de sus deidades africanas.

Después de asistir a la misa dominical, los esclavos regresaban deseosos a sus respectivos cabildos a tocar y cantar frente a las imágenes del santoral católico, pero adorando en realidad a sus deidades africanas. Los evangelizadores se tranquilizaron al pensar que habían asimilado la fe cristiana y olvidado por completo sus antiguas creencias.

En realidad los cabildos se convirtieron en un refugio legal en donde los esclavos siguieron practicando sus creencias religiosas.

Se llegó a pensar que las fiestas de los esclavos eran simples reuniones donde tocaban sus tambores, pero lo que no sabían era que estas reuniones estaban bien organizadas. Eran precedidas por africanos de más experiencia y edad.

Allí mantenían vivas sus costumbres, su lengua y, especialmente, el culto a alguna deidad determinada.

El objetivo de muchos esclavos fue logrado gracias a su ingeniosa idea de sincretizar las deidades del catolicismo colonial-ibérico y el culto a sus deidades u orishas africanos y, por supuesto, practicando sus creencias y ceremonias en secreto. Así se creó en Cuba la santería.

Pero estas creencias no sólo fueron practicadas por los africanos y sus descendientes. Los españoles siempre estuvieron interesados por conocerlas, y en ocasiones llegaron a iniciarse en sus cultos con los propios africanos.

Para fines del siglo XIX, el culto yoruba había ganado muchos devotos entre los pobladores españoles de las áreas caribeñas debido a que curaban enfermedades que muchas veces los médicos tradicionales no podían. De esta forma, el hombre blanco empezó a participar ocasionalmente en los ritos primitivos de los esclavos.

El hombre africano intentó por todos los medios preservar su cultura, ocasionando continuas revueltas entre los esclavos para lograr su libertad. Desde 1529, en Puerto Rico ocurrieron diversas sublevaciones en las haciendas azucareras. Aquellos que lograban escapar se fugaban a los montes (a los *mogotes*) para iniciar una nueva vida. Allí, en su mundo solitario, pudieron seguir practicando sus creencias religiosas.

El exceso de trabajo impuesto al esclavo en Puerto Rico no le permitió preservar su identidad cultural africana. Esto se logró no sólo a través de la imposición forzada de los patrones culturales españoles. Adicionalmente, fueron víctimas de castigos inhumanos dirigidos a inhibir toda expresión cultural y a desarrollar miedo hacia el conquistador.

Las sublevaciones en Puerto Rico, entre los años de 1810 y 1840, se produjeron en gran medida por el vínculo estrecho de los esclavos a las formas ancestrales de su cultura. Esto los hacía más propensos a resistir violentamente la esclavitud como régimen impuesto. Las fugas colectivas propiciaron un serio problema de asimilación.

A pesar de que el esclavo se refugió en los montes y en las costas para poder mantener sus antiguas creencias y costumbres, en Puerto Rico no existió un culto homogéneo a las deidades africanas como sucedió en Cuba. Muchos estudiosos afirman que en Puerto Rico no hubo una población africana tan alta como en Cuba, y que sólo hasta principios del siglo XIX surgió la población esclava. Pero aun así, se perciben grandes rasgos de las creencias africanas tanto en la historia de Puerto Rico como en la cultura actual.

Entre las tradiciones africanas que se continuaron practicando en las haciendas azucareras en el Sureste de Puerto Rico, "la muerte de un esclavo era aceptada con alegría entre los negros", pero sólo en el Nuevo Mundo, por su condición de esclavo.

Según ellos, la muerte era algo así como una forma de libertad reconquistada, un retorno final a su patria, y era motivo de alegría. Cuando un esclavo moría, iban a sus bateyes a tocar los tambores como si se tratara de una gran fiesta. También celebraban la muerte de un niño, ya que decían que había muerto sin pecados; que era un angelito.

Las fiestas eran conocidas como baquinés y se practicaron durante el siglo XX, en los pueblos de Loíza, Salinas, Arroyo y Guayama, zonas que se han mantenido con una alta población negra y que en el pasado contaron con un elevado índice de esclavos.

Las creencias africanas comenzaron a ser practicadas con la llegada de esclavos desde la isla francesa de Haití. Las inmigraciones ocurrieron durante los años 1789 y 1791. Se puede percibir entre antiguas familias que habitan en la costa, especialmente en Guayama, algunas palabras de origen afro-francés y costumbres asociadas a las prácticas de los habitantes de las Antillas francesas.

Estos negros afro-haitianos de origen mendé y naturales de Sierra Leona, dejaron en esta zona costera fuertes tradiciones culturales que aún a mediados del siglo XX se podían apreciar entre algunos negros ancianos en la región costera de Salinas. Entre estas prácticas de índole festivo-religiosa se destacan los "rosarios mendés", especie de "fiestas de cruz" que se cantaban en francés criollo, y los "cuentos mendeses" que, según testimonio oral, "eran hablados, cantados y bailados" en la celebración del baquiné.

Otra cultura que dejó una gran huella en el pueblo puertorriqueño fue la de los ewe y fon, originarios del Dahomey. Esta inmigración no llegó directamente de África, sino de las Antillas menores, particularmente de Santa Cruz, colonia danesa, quienes se establecieron en la zona de Cangrejos, hoy Santurce.

El 20 de noviembre de 1773 el poblado de San Mateo de Cangrejos contaba con una población de 900 personas dedicadas al cultivo de la yuca y a la pesca. Aquí se ve una fuerte influencia de la cultura fon y ewe del Dahomey. Ellos trajeron consigo las prácticas religiosas conocidas como vudú, pero no se asimilaron tanto en la cultura puertorriqueña como sucedió en Haití, debido a que tenían que permanecer fieles al catolicismo para mantener su libertad.

Aunque se han encontrado en la región letras de canciones de bomba relacionadas a los ritos de la cultura ewe, es mediante los bailes y toques de bomba que se conserva las culturas africanas. Por medio de estos toques de tambor, el esclavo en las haciendas pudo en muchas ocasiones planear sus fugas, cantarle a sus deidades y expresar la furia que sentía contra las injusticias que sufría.

Las conspiraciones eran cantadas al ritmo de una bomba en lenguaje africano para evitar ser entendidas por los amos. Los evangelizadores se tranquilizaban cuando escuchaban los nombres de los santos católicos en las canciones. Los colonizadores lo aceptaron como simples reuniones, donde coincidían para celebrar una fiesta con sus tambores.

Las revueltas y conspiraciones en el Norte y Sur de Puerto Rico preocuparon a los esclavistas. Ellos sospecharon que la única manera en que los esclavos podían reunirse a planificar sus revueltas tenía que ser mediante el toque de tambor durante las fiestas. Por tal razón, el toque fue restringido.

El baile de bomba, que hoy es una tradición folklórica que bailan los Cepeda, los Ayala, los Mayombe o los Calabó, entre otros grupos, tuvo una función muy importante para el esclavo. El tambor "habla" con cada toque y el bailarín le "contesta" con sus movimientos. La fusión establecida entre el tambor y el bailarín crea una dinámica que, aunque para el espectador es solamente un baile, para los que la viven día a día es símbolo de respeto y religiosidad.

Estas rebeliones y luchas que mantuvo el africano en las haciendas azucareras no fueron en vano. La estrategia que utilizó el africano para conservar sus creencias y costumbres ha logrado que las mismas perduren hasta nuestros días, pasando de una isla a otra, como sucedió con la llegada de la santería a Puerto Rico.

La santería en Cuba

El origen del nombre santería es incierto. No se sabe si el propio africano designó sus prácticas de esta manera o si fue la subcultura dominante en Cuba quien le dio este nombre.

El doctor Julio Sánchez Cárdenas (1997) dice que, cuando los estudiosos en el tema se interesaron en el proceso de aculturación del pueblo cubano, la santería, debió haber sido una minoría vista con general desprecio por la subcultura dominante. El término *santería* es, sin duda, acuñado por esa subcultura en control.

La santería es el término con el cual se identifica a las creencias yorubas que se formaron en Cuba con la doctrina católica, hasta llegar a ser lo que muchos estudiosos llaman hoy "sincretismo religioso".

Entre los miles de africanos procedentes de diferentes tribus del África occidental, se dio una fuerte interacción con la cultura del colonizador. A este tipo de contacto cultural se le da el nombre de aculturación.

Este fue el caso de los yorubas y otras tribus. Sus fuertes creencias religiosas no podían dejarse a un lado, ya que su "magia" era tan natural como cualquier otra acción humana. Para los esclavos era imposible olvidarse de la magia de sus ancestros y convertirse de repente al catolicismo. Ellos continuaron practicando sus costumbres en secreto, así como sus descendientes hasta nuestros días.

La aculturación no ocurrió sólo entre africanos y españoles. También se dio entre las mismas tribus africanas. En las postrimerías de la mitad del siglo XVIII, los esclavos practicaban el culto a determinada deidad que imperaba en el seno de su tribu de procedencia.

Por ejemplo, la tribu Egba adoraba a Yemayá. Los Ekiti a Ondo y Oggún. Iyesá a Tijebu y a Oshún. Cada una de estas deidades tenía elementos propios que las hacían diferentes de las demás.

De lo anterior, el oriaté Odduanla comenta lo siguiente:

"En los cabildos en Cuba, los esclavos no podían practicar el culto de una sola deidad, sino que según iban llegando los esclavos se les iba iniciando en los secretos de las diferentes deidades que componían el panteón yoruba. Hubo un momento en que los esclavos le rendían culto a todas las deidades e incluso los esclavos libertos dueños de los cabildos, que a pesar de haber sido iniciados en los secretos de más de un orisha, su cabildo llevaba el nombre de su deidad principal".

De acuerdo a lo anterior puedo decir que los esclavos se pusieron de acuerdo y poco a poco fueron introduciendo el culto a diversas deidades en sus creencias y ceremonias. A pesar de que esas deidades no eran de importancia en sus tierras africanas, en el Nuevo Mundo cobraron importancia.

Un ejemplo se dio en el cabildo de Changó en el barrio Pogolotti, en Cuba. A pesar de rendirle culto a otras deidades, el culto principal estaba dedicado a Changó, debido a que la persona que presidía el cabildo estaba iniciada en los secretos de esta deidad.

Los Estados Yorubas se componían de muchos pueblos y cada uno rendía culto a una deidad en particular. Existía el conocimiento de otras deidades, las cuales eran más importantes en unos estados que en otros (Yemayá en Egba o a Changó en Oyó). En todos los Estados eran importantes las deidades Obatalá, Oddúa y Elegguá, a las cuales se les rendía culto junto con la deidad principal.

Esta diversidad de cultos no hizo posible la unificación. La homogeneidad en santería se ha ido formando paulatinamente y el proceso aún continúa.

Al parecer, en un principio, los esclavos en Cuba intentaron mantener sus costumbres africanas al querer dedicar los cultos a una deidad determinada según las zonas o cabildos. Esto no fue posible porque allí se mezclaron esclavos de diferentes territorios africanos, y ningún grupo permitió que se practicara el culto de una sola deidad ignorando las demás. La diversidad de lenguas y dialectos contribuyó aún más a la confusión.

Aún así, el sincretismo era la única vía para preservar la religión yoruba. Los esclavos organizaban en los cabildos comparsas y congas durante las cuales mostraban sus imágenes católicas en procesiones y les rendían culto como lo hacían con sus deidades en su tierra natal. Cuando los españoles reconocieron que la presencia de las imágenes del santoral católico no aseguraba la conversión al catolicismo, sino por el contrario propiciaba las danzas africanas, optaron por prohibir las imágenes católicas en los cabildos.

Este sincretismo superficial inicial fue seguido por una transformación. El esclavo comenzó a utilizar aquellos elementos católicos que podían ser esenciales para seguir practicando sus creencias. El agua bendita, las velas, las flores, los santos y el almanaque católico fueron utilizados en sus ceremonias para celebrar el día del santo designado a un orisha. La evangelización ayudó a que el africano pudiera tener una visión más amplia de su sistema religioso.

Desde que se legalizaron las prácticas religiosas africanas en Cuba en 1870, la santería fue la creencia más practicada. Una vez se abolió la esclavitud en Cuba en 1886, los cabildos desaparecieron, y los africanos continuaron interactuando y modificando sus creencias para poder convivir con las demás etnias. Por este motivo no se ha conseguido una completa homogeneidad en las creencias del yoruba. Si el culto no estaba completamente unificado en África, tampoco iba a ser posible en Cuba debido a la diversidad de creencias. El caso de Puerto Rico es similar.

Los fieles a los cultos afrocubanos nacidos del sincretismo católico y de los sistemas religiosos de origen africano llevados a Cuba, formaron pequeños grupos dirigidos por un gran conocedor de los cultos. Estas casas-templos son conocidas como *casas de santo*. En Cuba, todas las casas de santo son presididas por una deidad (la deidad tutelar del dueño de la casa) donde rinden culto a todos los santos. El más respetado es el orisha que reina en esa casa. Esta práctica se convirtió en la continuidad de los cabildos en Cuba.

A pesar que el creyente tuvo libertad de culto, no levantó templos públicos dedicados a sus deidades. Ellos utilizaron un rincón oculto en sus casas-templo (las llamadas casas de santo). Además de ser un sitio para vivir, se convirtió en un santuario. Las casas de santo han mantenido su popularidad en Puerto Rico.

Las creencias religiosas esclavas fueron transmitidas por vía oral. Palabras como Ifá, babalawos, ildefá, diloggun, babalochas e iyalochas, son términos yoruba y han perdurado hasta nuestros días. Gracias a los cabildos los esclavos enseñaron el lenguaje, tradiciones y creencias a sus hijos.

En la actualidad la mayoría de los santeros en La Habana son negros y mulatos. La población blanca también forma parte de esta práctica y no está mal visto que se inicien en estas creencias.

La santería llega a Puerto Rico

En 1959, con la llegada de la revolución socialista a tierras cubanas, se produjo una fulminante emigración hacia muchos lugares de América. Puerto Rico fue uno de ellos, y allí llegaron cubanos que habían sido iniciados en santería por antiguas casas de santo cubanas. La difusión de estas creencias se mantiene hoy en día con un núcleo considerable de creyentes e iniciados.

La mayoría de los cubanos exiliados se establecieron en la capital, San Juan, situada al Norte de la isla. Las creencias continuaron desarrollándose a la vez que el país se modernizaba, y el creyente ha tenido que adaptarse al nuevo ambiente que lo rodea.

Las plantas y animales necesarios para la magia fueron reemplazados por lo encontrado en su nuevo hábitat, tarea que no fue difícil debido a la similitud geográfica de ambas islas. El puertorriqueño practicante fue receptor de las nuevas tendencias religiosas, provocando una influencia cultural afro-cubana en las creencias locales.

No siempre fue fácil expandir el conocimiento de la santería. Al principio, todo lo que tuviera que ver con magia africana era visto como tabú. A pesar de que habían existido esclavos yorubas, la santería no era conocida en la isla.

Con el pasar de los años se formaron casas de santo cubanas y puertorriqueñas en el Norte del país. Esto trajo problemas debido a las discrepancias entre los invitados y los dueños de la casa. Según los participantes, la ceremonia carece de "algo" o está "mal hecha" y los iniciados más antiguos han tenido que llegar a acuerdos para no entrar en discusiones fuertes o simplemente abandonar la ceremonia. Si la religión no fue unificada desde sus comienzos en Cuba, es prácticamente imposible lograr la unificación en Puerto Rico.

Los iniciados en santería tienden a ser muy independientes y se mantienen, en ocasiones, aislados de otras casas de santo. Esto se ha prestado muchas veces para malos entendidos o para la práctica de ceremonias de formas diferentes. También tienden a ser muy reservados a la hora de hablar de sus creencias religiosas o deidades.

Capítulo 3

Sincretismo religioso: Proceso de conservación cultural en el Nuevo Mundo

El sincretismo religioso fue la estrategia que utilizó el esclavo africano para mantener vivas sus creencias. Aquí se armonizaron con la filosofía católica y se fue homogenizando el culto en secreto a las deidades africanas, dando paso a las prácticas actuales de la santería.

Siempre que se habla de la santería afro-cubana, se habla de la palabra *sincretismo*. Significa intentar conciliar doctrinas diferentes, para que dos o más culturas puedan vivir en armonía.

Los orishas son los dioses del panteón yoruba (dioses genéricos de la tempestad, del viento, del mar, de las enfermedades, de la tierra, de las aguas dulces). Forman el panteón politeísta y son el fundamento religioso más importante de las creencias yorubas. Los dioses yorubas recuerdan a los dioses del panteón helénico, pues cada uno de ellos simboliza las fuerzas de la naturaleza o una fuerza específica.

En el panteón helénico había deidades que tenían poder sobre el destino, la muerte, la guerra (Ares o Afrodita), que se puede comparar con Oshún por ser ambas las diosas del amor. Los griegos creían que sus deidades tenían formas humanas y se comportaban como tal.

Los yorubas creen que sus deidades habían vivido en la Tierra con los seres humanos y que poseían un gran ashé o poder sobre la naturaleza. Al morir, los orishas eran adorados por los yorubas que esperaban obtener su protección. Los griegos también ofrecían sacrificios y regalos a sus deidades para complacerlas y conseguir favores. Igual ocurre en las creencias de los yorubas que buscan ayuda en situaciones de la vida diaria.

En un principio los informantes no cuentan todo respecto a los atributos, herramientas, plantas o los animales sacrificados a cada deidad. A los adeptos se les prohíbe contar los secretos de sus deidades una vez iniciados en el culto. El conocimiento es adquirido durante las ceremonias iniciales donde no puede estar presente nadie que no esté iniciado en santería.

Al no haber traído consigo sus representaciones iconográficas, los esclavos buscaron la manera de recuperar la energía y el poder de sus deidades. Estos atributos se evidencian de manera física en los objetos contenidos dentro de las soperas.

Cada deidad tiene un color representativo, número, día, ofrenda, collares distintivos y plantas donde reside su poder o ashé. Cada orisha es diferente y los creyentes respetan y cuidan de no equivocarse a la hora de preparar un rito o ceremonia para una deidad específica.

Es muy importante conocer los elementos de cada deidad, pues deben ser recordados en el momento del sacrificio o ceremonia. Es todo un lenguaje críptico aprendido lentamente según los años de experiencia en la religión. Si se realiza una ceremonia a Oshún, se recurre en todo momento al color de esta deidad (amarillo u oro), a su número (el cinco), que representa la cantidad de objetos a utilizar, o los días que deben dejar un sacrificio a la deidad, para alguna petición en especial.

Panteón yoruba: Sincretismo y atributos de las deidades africanas

Los orishas son espíritus (seres animistas) sobrenaturales vinculados con las fuerzas o fenómenos naturales: el viento, la tormenta, el relámpago, el mar, el río, las enfermedades.

Muchas deidades femeninas están asociadas con los riachuelos y ríos. Oshún se identifica con el río Osogbo, en el pueblo de Osogbo. Yemayá, con el río Oggún, el cual cruza la ciudad de Abeokuta. Oyá con el río Níger, y Obbá, con el río Oba, ambos afluentes al río Oshún, cerca del imperio de Oyó.

Es curioso que a Yemayá se le identifique en África con un río cuando en el Nuevo Mundo es la dueña del mar. Quizás es debido a que su sitio de origen se encuentra lejos del mar, mientras que en Cuba, el culto nace en el pueblo de Regla, ubicado en la costa Norte de la isla.

Aquí sólo presentaremos las deidades más importantes del panteón yoruba, pues no es posible explicar todos los sucesos que ocurrieron en sus vidas cuando habitaban en la Tierra. Se conocen como caminos y con los nombres que obtienen con cada manifestación. Algunos orishas tienen desde nueve hasta ciento veintiún caminos, como es el caso de Elegguá.

Trilogía: Olofi-Olodumare-Olorun

Olofi es la divinidad suprema yoruba y está representado por la trilogía Olofi-Olodumare-Olorun. Esta divinidad es vista como algo absoluto, que mira desde lo alto todo lo que sucede en la Tierra, de la cual no existe iconografía en el arte yoruba.

La trilogía ya existía en la religión yoruba mucho antes de la llegada de los primeros evangelizadores europeos al suelo africano. De acuerdo a la cosmogonía yoruba, el Ser Supremo se proyectó en tres entidades: Olofi fue el Creador. Él está en contacto con los orishas, los cuales son los mensajeros entre él y los hombres. Olodumare habita en la naturaleza y el cosmos y Olorun es visto como la fuerza vital, identificado con el Sol.

Olofi nació de la nada, por sí mismo, y es recordado como un viejo canoso, cansado, que, después de haber finalizado la creación se retiró a una montaña lejana a descansar. Los yorubas y sus seguidores en el Nuevo Mundo no le piden nada a Olofi, es como un dios impersonal, pues para eso están sus mensajeros, los orishas.

Olodumare es la manifestación de todo lo que existe, del universo y todos sus componentes. A él tampoco le piden nada y no es posible contactarlo. La pronunciación de su nombre es indescifrable y debe estar seguido de una reverencia tocando la tierra con los dedos. Olorun es la energía vital, se puede sentir su presencia pero no se puede tocar. Es visible solamente como el rayo del Sol.

A excepción de la ceremonia que se le hace a Olorun, conocida como ñangareo (explicada en el siguiente capítulo), tampoco ha sido sincretizado en Cuba o Puerto Rico con alguna figura católica, pero se le asemeja a la idea de Dios en el cristianismo.

Oddúa: Nuestra Señora de las Mercedes o Jesucristo

Oddúa es uno de los principales orishas en la religión yoruba. En Nigeria sólo Oddúa el Obba (rey) puede iniciarse en los secretos por ser su descendiente directo. En el Nuevo Mundo los secretos son entregados al "sacerdote" de mayor jerarquía en santería conocido como babalawo.

Existe el caso de un oriaté cubano que fue iniciado en los secretos de esta deidad en 1942 por una mujer de nombre Oddúa Bicuca que, según él, llegó como esclava de Ilé-Ifé a finales del siglo XIX a Cuba.

Para muchos santeros Oddúa y Obatalá son una misma deidad, para otros es un camino de Obatalá. Esta idiosincrasia del orisha puede ser rastreada hasta una antigua tradición yoruba, según la cual Obatalá (Orisha-nlá) y el orisha Oddudúa (Oddúa) son deidades andróginas, o sea, una misma deidad.

Esta tradición es disputada por algunos yorubas, especialmente los que vienen de la ciudad de Ilé-Ifé. Ellos debaten que Oddúa es un orisha varón que luchó con Obatalá ferozmente en varias ocasiones.

Los secretos de la deidad Oddúa son los más complejos y es el que más elementos tiene por su importancia en la religión. Entre los elementos se destacan una escalera de veinte centímetros de alto, una serpiente de diez centímetros de largo, un bastón, un hombre y una mujer de unos diez centímetros de alto, ocho piedras blancas y una bola de marfil. Los mismos van en un receptáculo de color blanco.

Los secretos de esta deidad se encuentran en un cofre en plata con candado, que mide veinticinco centímetros de ancho y nunca se abre. El cofre se coloca en un lugar alto en el cuarto de santo, pues según los que están iniciados en los secretos de esta deidad, ésta "vive" en un lugar muy alto cerca del cielo.

Frente al cofre ponen una custodia con un machete como símbolo de defensa y en la parte de atrás un crucifijo. También utilizan como objeto de culto un ataúd en cedro de veinte centímetros de largo por dos de ancho, con un esqueleto en plata adentro ya que Oddúa representa a quienes han muerto. Es un ancestro mayor y una deidad altamente jerarquizada entre los santeros de Puerto Rico.

Oddúa, al igual que Obatalá, se sincretiza en Puerto Rico y en Cuba con Nuestra Señora de las Mercedes. A pesar de ser deidades masculinas, el sincretismo no tiene en cuenta si el santo y la deidad son del mismo sexo. La comparación se fundamenta en los elementos, historias o atributos del santo o santa con el cual se identifica a la deidad.

El color de Oddúa es el blanco (sinónimo de pureza), su número es el ocho y se le sacrifican los siguientes animales: chiva blanca, gallina, codorniz, guinea y palomas. Estas mismas características se pueden encontrar en la deidad Obatalá. Algunos mitos o appatakies yorubas ponen a Oddúa como un camino de Obatalá, pero en otros los representan como deidades separadas. Otros lo sincretizan con Jesucristo.

Obatalá: Nuestra Señora de las Mercedes

Las similitudes que encierran a ambas deidades han hecho que tanto el santero en Cuba como en Puerto Rico, haya sincretizado a Oddúa y a Obatalá con un mismo santo católico, aunque sus secretos y objetos de culto son diferentes.

Los santeros perciben a Obatalá como una deidad seria y de mucha sabiduría. Es conocido como el dueño de las cabezas humanas. A él acuden sus creyentes cuando necesitan paz mental o desenvolvimiento en su vida.

Obatalá es el creador de las formas físicas del ser humano. Olodumare se reservó el poder de darles vida, y Obatalá se convirtió en la divinidad escultora de la forma humana que debía moldear en barro. Al ser el responsable de la creación de la humanidad, es la deidad que ayuda a quienes nacen deformes. Incluso los albinos cuando tienen problemas de salud le rinden culto a Obatalá.

Los santeros respetan mucho esta deidad. Cuando alguien pone ofrendas a Obatalá, los presentes se arrodillan mientras Obatalá "come" su ofrenda.

Era costumbre entre los yorubas celebrar en ciertos días del año festividades llamadas Ose, dedicadas a los distintos orishas, en las cuales se les brindaba pleitesía a un determinado orisha dependiendo de la región nigeriana de donde procediera el culto.

En el Nuevo Mundo se continuó con esta costumbre, pero los esclavos acudieron al almanaque católico para celebrar el día de un orisha. Por ejemplo, Obatalá está sincretizada con Nuestra Señora de las Mercedes, y según el santoral católico, es adorada el 24 de septiembre.

Los africanos le dedican ese día una fiesta a Obatalá, conmemorando las bendiciones que la deidad les venía dando desde su tierra natal. Esa fecha en Cuba, como en otros lugares del Nuevo Mundo, la Iglesia Católica saca la imagen de la virgen para que sus devotos se acerquen a rezarle. Los creyentes en santería por su lado asisten a la iglesia para pedirle a Obatalá. Para ellos Obatalá y Nuestra Señora de las Mercedes es una misma devoción religiosa.

Lo mismo ocurre en Puerto Rico. Cada año, el 24 de septiembre, los creyentes le ponen diferentes ofrendas como flores, velas y comida a la deidad Obatalá. Los secretos se ponen en una sopera de color blanco y en ocasiones tiene diseños de palomas por ser el mensajero entre el cielo y la tierra.

Entre los atributos de esta deidad se destacan una corona, un bastón, uvas blancas y ocho manillas en plata. También una campana en plata que el creyente toca para que "baje" el orisha a la Tierra, y un iruke, o cola de caballo de color blanco con cuentas del mismo color (también utilizados en culto a Oddúa).

El color de esta deidad es el blanco. Los creyentes ofrecen ñames, merenguitos, gallinas, chiva blanca, codorniz y palomas. Su número es el ocho, y todas sus ceremonias, sacrificios y ofrendas se relacionan con este número.

Como ya se mencionó, Oddúa y Obatalá se sincretizan con la Virgen de las Mercedes. Una antigua tradición afirma que en el año 1218 la Santísima Virgen se le apareció a San Pedro Nolasco recomendándole que fundara una comunidad religiosa dedicada a socorrer a quienes eran llevados cautivos a sitios lejanos. Así, San Pedro Nolasco, fundó la orden religiosa Nuestra Señora de las Mercedes. Desde el año 1259, los Padres Mercenarios empezaron a difundir la devoción a Nuestra Señora de las Mercedes, la cual está muy extendida por el mundo.

La palabra *merced*, procedente del nombre de esta virgen, significa misericordia, ayuda, caridad; palabras muy vinculadas con la personalidad de Oddúa y Obatalá.

El ocho representa ambas deidades, y sus elementos se relacionan con este número o sus múltiplos. Según los expertos en numerología, el ocho está relacionado con los dioses de la creación y resurrección. Ambas teorías se adaptan muy bien al número que los antiguos yorubas asignaron a Oddúa y Obatalá, y más aún cuando casualmente Oddúa es sincretizado en Puerto Rico y Cuba con la figura de Jesucristo.

Orula: San Francisco de Asís

Originario de Ifé, Ifá-Orúnmila. Su nombre significa "es el cielo quien puede salvar", ha sido testigo del destino de los hombres y, por lo tanto, conoce su pasado, presente y futuro.

Ifá-Orúnmila o Orula, otro nombre por el cual se le conoce, fue enviado por Olorún para poner orden en la Tierra. Ifá se manifiesta mediante la adivinación con nueces de palma que practica el babalawo, el "padre que conoce los secretos".

Según un antiguo mito, Olofi le había dado a Orula el don del baile, pero a él no le llamaba la atención porque prefería la adivinación. A Changó le habían dado el poder de la adivinación y poseía el tablero de Ifá, tabla que utiliza el adivino mayor (babalawo) para consultar a las personas.

Changó era un buen adivino, le gustaba la fiesta, seducir a las mujeres, y mediante el baile, sabía que lo podría lograr. Intercambió con Orula el tablero por el don de bailar, y desde ese día, Orula se convirtió en el adivino mayor del panteón yoruba y Changó se convirtió en un gran bailarín y el alma de las fiestas.

Aquellos iniciados en el culto de Orula son llamados babalawos. Según ellos, en Puerto Rico, Orula es el dueño de los oráculos de la adivinación, es sabio y consejero de todos los orishas y es poseedor del tablero de Ifá y el opelé. Las iniciaciones y secretos son sólo conocidos por los babalawos que se inician en su culto, y únicamente a los hombres se les permite la iniciación siempre y cuando se lo marquen los oráculos de la adivinación. A las mujeres se les prohíbe pasar por esta ceremonia por motivos que explicaré más adelante.

Cuando se canta y toca en las ceremonias de *toque de tambor*, las mujeres presentes tienen que bailar alrededor de los babalawos. En agradecimiento, ellos ponen en el escote una pequeña cantidad de dinero durante el baile, dinero del cual ellas pueden disponer como prefieran.

Esta acción deja entrever que en santería los adeptos masculinos se comportan de manera machista, no tanto porque sea la conducta que predomina en África, sino más bien porque tanto en Cuba, como en Puerto Rico y el resto de Latinoamérica ese comportamiento es favorecido por la sociedad.

Según un mito (o appatakie), cuando Orula nació de la unión de Obatalá y Yembo sucedió algo horrible. Oggún había tratado de violar a su madre, y sus hermanos Elegguá y Ozun, no pudieron hacer nada para evitarlo. Obatalá llegó a tiempo para evitar que esto sucediera y le dijo a Yembo que si le nacía otro hijo varón lo iba a matar. Al tiempo nació Changó quien fue llevado por su madre a casa de su hija mayor Dadá. Luego nació Orula, y su hermano Elegguá, por miedo a que su padre lo matara, lo enterró al pie del árbol de iroko ocupándose de su alimentación diaria.

Orula es el dueño de los cuatro puntos cardinales. Según los yorubas, el iroko es un árbol sagrado que se mantiene en conexión con el cielo y la tierra, y sus ramas y raíces se dispersan en las cuatro direcciones.

En muchas culturas antiguas los árboles son considerados un vínculo sagrado entre la tierra y el cielo. Esta es precisamente la labor del babalawo; mantener una conexión directa mediante el oráculo entre su consultante y los orishas.

Los secretos de Orula se encuentran en un recipiente hecho en madera que contiene los dieciséis ikines. El babalawo los utiliza para la consulta del Ifá. También usa un irofá (cuerno de venado) con el que marca los odduns de la consulta, y sobre el mismo un iruke con cuentas amarillas y verdes usado para alejar las malas influencias o vibraciones negativas.

Orula está sincretizado con San Francisco de Asís. Su día de celebración es el 4 de octubre.

Francisco nació en Asís, Italia, en 1182. Disfrutaba de las fiestas, paseos y reuniones con sus amigos. Su padre tenía el mejor almacén de telas de la ciudad y siempre tenía dinero. Ayudaba a las personas pobres y procuraba no negarles favores. Visitaba a los enfermos en los hospitales y regalaba a los necesitados todo cuanto llevaba consigo.

Un día mientras rezaba en la iglesia frente a un crucifijo, escuchó una voz que decía: "Francisco, tienes que reparar mi casa, porque está en ruinas". Él creyó que Jesús le hablaba de las paredes de la iglesia. Vendió todo lo que tenía y algunas telas del almacén de su padre para arreglar la iglesia de San Damián. Su padre, Pedro Bernardone, se enojó con él por haberle robado las telas del almacén y lo desheredó. San Francisco se despojó de todo lo que llevaba y se vistió con una túnica de tela ordinaria y un cordón.

Allí comenzó su conversión y le dijo a su padre: "De hoy en adelante ya no seré el hijo de Pedro Bernardone y podré decir 'Padre nuestro que estás en los cielos'".

Es interesante el sincretismo que surge entre Orula y San Francisco de Asís. Antes de dedicarse a la sabiduría del Ifá, Orula disfrutaba de las fiestas y el baile, hasta que cambió el tablero de adivinación por los tambores con Changó, porque él prefería bailar.

Los babalawos en Puerto Rico tienden a ser de carácter humilde, socorren a las personas sin importar la situación y siempre están dispuestos a ayudar a los más necesitados.

Orula fue un sabio adivino que predecía el futuro de las personas para que pudieran defenderse de todo lo malo. Los babalawos afirman: "Quien no le hace caso a Orula, recibirá todo lo malo que tiene Elegguá-Eshu para su destino, pero siendo Orula su hermano y amigo íntimo, pueden los babalawos apaciguar su naturaleza maligna mediante ofrendas".

El verde y el amarillo simbolizan a Orula, y estos dos colores componen todos los atributos del orisha. A esta deidad se le sacrifican chivas, gallinas y palomas.

El número asignado es el cuatro, relacionado con las direcciones del viento y los puntos cardinales. También se relaciona con la cruz que se orienta con las cuatro puntas a los puntos cardinales. Lo mismo podría decirse del árbol sagrado, el cual se divide en la copa en cuatro direcciones lo mismo que en sus raíces.

La relación entre este número y Orula es evidente. Recordemos que la deidad fue enterrada al pie de un árbol de iroko, árbol sagrado de los yorubas, y es el dueño de los cuatro puntos cardinales.

Elegguá: El Niño de Atocha

Elegguá es una de las deidades más conocidas dentro del panteón yoruba. Esta deidad está relacionada con el destino de las personas. Los creyentes en santería se cuidan mucho de tener una relación armoniosa con este orisha. Si hay un bien o suerte por parte de cualquiera de los diferentes orishas que habitan junto a Olofi, será imposible que se manifieste si el creyente no ha cumplido con Elegguá.

Elegguá es un orisha muy controversial. En ocasiones actúa haciendo el bien, pero en otras hace el mal. Esta tradición está basada en el hecho de que Elegguá, al igual que los demás orishas, es uno solo, pero tiene diferentes caminos o personalidades que desarrolló durante su paso por la Tierra.

Por esta razón, los caminos de Elegguá van desde una deidad misericordiosa y justa, hasta ser malvado y pendenciero, en el caso de Eshu.

Elegguá reside en la frontera entre el bien y el mal, dominando cualquiera de estos dos planos. Siendo fiscal e intermediario, mantiene el equilibrio para que todo marche bien. Cuando el equilibrio se rompe, Elegguá, en su papel controlador, actúa en forma positiva o todo lo contrario, como Eshu, causando problemas y cerrando los caminos de sus fieles.

Los yorubas no ven a Eshu como el "diablo" de los cristianos, aunque muchos lo ponen de ejemplo para explicar su función con los hombres en la Tierra.

Elegguá, en su manifestación como Eshu, puede colaborar con el bien o el mal, pero sólo actúa malévolamente cuando quiere darle una lección a alguien. Podemos decir que Eshu, dentro de su naturaleza negativa, colabora con Olofi y los orishas a mejorar la calidad de vida de sus seguidores.

Todo esto parece contradictorio, pero esa es la esencia de Elegguá, ya que los creyentes dicen que él es el "rey de las contradicciones".

Esta dualidad Elegguá-Eshu se puede ilustrar en un mito llamado Eyiogbe. El mito dice: "Un día Elegguá escuchó como dos amigos se vanagloriaban de su gran amistad. Decían que su amistad era tan profunda que nada ni nadie los podía separar. Elegguá, que es muy travieso, decidió tenderles una trampa y pasar en medio de ambos vestido mitad de negro y mitad de rojo. Uno amigo le preguntó al otro: ¿Viste el individuo que pasó por el medio de nosotros vestido de rojo? El amigo le contestó: te refieres al que pasó vestido de negro. Allí comenzó una discusión entre ambos y su amistad se afectó por este suceso".

En este mito Elegguá-Eshu, según la visión lógica de los humanos, actuó de una manera malvada y despiadada, separando a dos personas que sentían que su amistad era indestructible. Ante esta situación Eshu sembró una ilusión en sus mentes, donde ambos vieron cosas diferentes, creando una confusión que los separó finalmente. Eshu creó un ejemplo para la posteridad demostrando que el orgullo, la soberbia y la inmadurez son aspectos negativos que deterioran al ser humano.

La maldad de Eshu fue hecha para sancionar a dos personas y buscar su mejoramiento. Debido a estos mitos, los creyentes en santería definen a Elegguá como un niño travieso pero a la vez sabio y compasivo.

Según lo anterior, Elegguá guarda una estrecha relación con Orula, ya que cuando se encontraba enterrado al pie de un árbol como consecuencia de la furia de Obatalá, su buen amigo y hermano, Elegguá lo alimentó a escondidas para que no muriera. A partir de ese momento se hicieron compañeros inseparables, aún en el manejo del oráculo del Ifá, en donde Orula consulta su rica sabiduría y Elegguá canaliza las soluciones de los problemas comunicándose con los demás orishas y portando los mensajes entre el cielo y la tierra, además haciendo que los sacrificios resulten satisfactorios.

El fundamento de Elegguá vendría siendo también para los yorubas el árbol sagrado de muchas civilizaciones, ya que mantiene una comunicación directa entre el cielo y la tierra.

Esta deidad es de profunda importancia en las ceremonias generales o en las consultas, ya que él es quien habla a través del oráculo del diloggun, o los caracoles, utilizados por los creyentes en la adivinación. Allí los orishas comunican a Elegguá los problemas que tiene la persona que se consulta y le dan las soluciones.

Para los practicantes de santería es muy importante que cualquier persona relacionada con la religión yoruba reciba, por medio de una ceremonia, a la deidad Elegguá, para que pueda atenderlo y así recibir los beneficios que le da el orisha (básicamente, abrir los caminos de la prosperidad, la salud y los aspectos positivos de la vida).

Elegguá, junto con Oggún y Ochosi, forman la base donde se sostiene todo ser humano en el tránsito por la vida. Para recibir dicho fundamento, el creyente debe consultar mediante los oráculos adivinatorios de la religión, y así conocer cuál es el momento apropiado para recibirlo mediante una ceremonia que se llama "recibir guerreros".

Según los yorubas, al igual que en la santería, a Elegguá se le tiene que rendir culto y atender primero que a los demás orishas en toda ceremonia religiosa, para lograr que la ceremonia sea beneficiosa. Ellos creen que si no lo hacen así, Elegguá se puede enfadar y traer complicaciones.

Elegguá es simbolizado mediante una piedra, o puede estar hecho con cemento o con coral. Normalmente la piedra está ubicada detrás de la puerta de entrada de la casa de los creyentes con el fin de protegerlos. Los fieles acostumbran a darle ofrendas a la piedra los lunes para que su semana sea próspera. Durante el acto le echan agua ardiente o ron y le soplan humo de cigarro. También derraman sobre Elegguá un poco de manteca de corojo, miel de abeja y al final le encienden una vela blanca para darle luz. Al mismo tiempo van hablando y pidiendo a la deidad que le abra los caminos a la prosperidad.

En ocasiones también colocan frutas, dulces, maíz tostado y juguetes al lado del fundamento que simboliza a Elegguá porque la deidad es vista como un niño. Elegguá es llamado por los santeros para que "baje" a la Tierra mediante una maraca de color rojo y negro o un silbato.

También le ofrecen sacrificios de animales derramando sobre la piedra la sangre de un chivo, un gallo, un puerco, un pollo, un ratón, un conejo o una jutía.

Elegguá está sincretizado con el Niño de Atocha. Los creyentes veneran esta deidad el primer día del año.

Durante la ocupación árabe en España, Atocha fue el centro de muchos prisioneros cristianos. Sólo los niños y mujeres estaban autorizados a entrar a las cárceles para llevar pan y agua a los prisioneros. Un día llegó un niño a una cárcel con una canasta llena de pan y una jarra de agua. Los moros se sorprendieron al ver que después de alimentar a los cautivos, la cesta y la jarra continuaban llenas. El suceso fue visto como un milagro y los creyentes pensaron que Jesucristo había venido por medio de este niño a atender las plegarias de los presos cristianos.

Su sincretización pudo resultar de la ayuda que brindó a estos prisioneros. Por este sincretismo Elegguá también es visto como un niño. El Divino Niño de Atocha es una manifestación del niño Jesús, y forma parte de una trilogía Padre, Hijo y Espíritu Santo.

El número tres es el significado de todas las cosas relacionadas con el fenómeno natural de la trinidad y se relaciona con las experiencias del hombre en el pasado, presente y futuro. Elegguá es la deidad dueña de los destinos de los practicantes y su sincretización está muy vinculada a la trinidad.

Yemayá: La Virgen de Regla

El culto a Yemayá es originario de la ciudad de Egba, en Nigeria. Se presenta como una hermosa matrona de senos prominentes. Es la madre del mundo y posee todos los atributos místicos de la Luna.

En Puerto Rico es vista como la deidad dueña del mar y madre de todos los orishas, excepto de Obatalá, quien fue creado por Olofi.

Yemayá se percibe tan maternal que fue madre de crianza de Changó y los Ibeyis. He observado contradicciones en los mitos yorubas en Puerto Rico y en los libros dedicados a los estudios de santería en Cuba. Unas veces cuentan que Changó es hijo directo de Yemayá y en otras que es hijo de Obatalá y enviado a la Tierra por esta deidad para ser criado por Yemayá.

Uno de sus caminos o manifestaciones es Olokun, quien habita en la profundidad del mar, es muy temible por los santeros y tratan de no estar en deuda o de faltarle al respeto. Según los creyentes, esto sólo les traería complicaciones. Junto con Changó, es una deidad muy venerada y popular en Puerto Rico.

Su color es el azul porque simboliza el mar. Se le sacrifican carneros, gallos, patos y guineas. Yemayá está sincretizada con la Virgen de Regla. En el santoral católico el día de esta virgen se celebra el 8 de septiembre, pero en Puerto Rico se celebra el día de 7 de septiembre porque Oshún, quien se sincretiza con la Virgen de la Caridad del Cobre, se celebra el día 8.

Según la historia de la Virgen de Regla, su imagen fue mandada a construir por San Agustín, siendo obispo de Hipona, al Norte de África. Agustín cuando joven tuvo una revelación de un ángel quien le ordenó tallar en madera la figura de una imagen, la cual debía conservar en su oratorio. Después de su muerte en el año 443, la imagen fue llevada a España por el diácono San Cipriano y otros monjes de la orden de los agustinos, quien escapó para evitar que fuera profanada por los vándalos. La imagen fue colocada frente al mar y hoy se encuentra en el Monasterio de Regla en Chipiona, Cádiz.

Natalia Bolívar (1994) complementa esta historia diciendo que, durante la travesía a España, hubo una tormenta que los sorprendió en medio del estrecho de Gibraltar. La imagen quedó intacta y los que iban en la embarcación llegaron bien a su destino. Es a causa de este suceso que la Virgen de Regla se convierte en protectora de todos los marinos y pescadores. En el año 1664 una nueva imagen es llevada a Cuba por el sargento mayor, don Pedro de Aranda.

Su sincretización se debió a que obró milagrosamente en el mar. De allí proviene su íntima relación con la deidad dueña del mar, Yemayá, quien también protege a los marinos y pescadores.

El receptáculo de esta deidad puede ir desde el azul claro o azul índigo, abarcando todas sus tonalidades, con adornos plateados o dorados y/o con motivos marinos. Entre sus secretos se encuentran, en plata o metal, un sol y una luna, al igual que Obatalá, posiblemente por estar ambos vinculados a la creación —Yemayá como la orisha madre y Obatalá como padre—, pero también por la influencia que tienen las fases de la Luna en las marejadas.

Entre sus atributos se encuentran las coronas, remos, estrellas de mar y todo lo que se relaciona con el mar. Es representada por delfines, peces, redes, barcos o caballitos de mar. Sobre su sopera se encuentran siete manillas en plata entrelazadas, por ser el número que la define, y una maraca que los santeros tocan para que la deidad "baje" a la Tierra.

Yemayá esta relacionada con el número siete. En diversas culturas este número se relaciona con la creación. También es un número relacionado con la Luna debido al cambio de fase cada siete días. Al parecer, los números de los orishas se relacionan con las creencias religiosas de otras culturas, como la cristiana o la islámica.

Changó: Santa Bárbara

El culto a Changó es originario de la ciudad yoruba de Oyó-Ilé, la antigua capital del reino de Oyó, lugar donde era muy respetado. Se cree que Changó fue rey de Oyó.

Changó es una de las deidades más queridas del panteón yoruba. Simboliza el poder, la guerra y la virilidad. Changó cambió el don de la adivinación para convertirse en un buen bailarín debido a su atracción por seducir mujeres y ser el centro de atención en las fiestas. Varios mitos cuentan que este orisha era el cónyuge de Obba, pero tenía amoríos con Oshún, la deidad del amor, y con Oyá, una mujer fuerte y guerrera que siempre lo acompañaba en sus combates.

Para los santeros, Changó es una deidad simpática, a la cual le gusta bailar y asistir a fiestas. Es visto como un buen brujo y los santeros dicen: "Si alguien le falta al respeto a esta deidad, caerán sobre esa persona grandes desgracias".

Changó es el dueño de los rayos y el fuego. Es una deidad fuerte y poderosa. Es evocado cuando se desea conseguir cosas difíciles mediante la magia.

Cuenta un mito que un día Changó se cansó de los problemas que le ocasionaban sus amantes en la Tierra quienes se peleaban por él, y de sus enemigos que codiciaban todo lo que él tenía, incluso sus poderes. Fue entonces cuando se fue a la selva. La gente pensó que había muerto colgándose de un árbol de ceiba. Changó no había muerto y dijo que subiría desde ese árbol al cielo —conexión cielo-tierra— y que desde allí los gobernaría.

El mito se relaciona muy bien con Changó porque él fue Rey de Oyó. El santero, como los practicantes de otros tipos de creencias africanas, utiliza la parte baja de la ceiba para dejar allí los trabajos de brujería porque se cree que allí reside la fuerza y la energía de Changó. El árbol tiene sus raíces muy profundas, un tronco muy grande y fuerte, al igual que la deidad.

Changó tenía el poder del fuego, del trueno y el rayo. Es debido a esto y a otras semejanzas que este orisha está sincretizado en el Nuevo Mundo con la imagen católica de Santa Bárbara y su celebración es el 4 de diciembre.

Cuenta la leyenda que Santa Bárbara fue una princesa del siglo IV a quien su padre obligó a casarse. Al negarse a su petición, él la decapitó. En ese instante el padre fue abatido por un rayo, creándose así la leyenda del poder de Santa Bárbara sobre los rayos y el fuego. En la mentalidad creativa del africano, se identificó a Santa Bárbara con el poderoso Changó.

La sincretización surge debido a que ambos vivieron en un palacio —Changó como rey, y Santa Bárbara como princesa—. Son poseedores del poder del rayo y el trueno. El color rojo predomina en la vestimenta de la santa, y también distingue a la deidad.

Algunos mitos cuentan que Changó era muy curioso y pasaba el tiempo haciendo magia en su castillo. Un día provocó una tormenta que destruyó el castillo causando la muerte de sus familiares. Su tristeza y enojo fueron tales que ocasionó tormentas que devastaron la ciudad de Oyó. Esto hizo que sus habitantes hicieran sacrificios en su honor y le tomaran tanto respeto que formó parte del panteón yoruba.

A Changó se le sacrifican carneros, gallos, jicoteas, codornices y guineas sobre su receptáculo.

El receptáculo donde habitan los secretos y fundamentos de Changó es llamado por los santeros en Puerto Rico *batea*, la cual debe ser preferiblemente en madera de cedro por ser un árbol frondoso y fuerte el cual se asemeja a la personalidad de la deidad. Cabe mencionar que todos los receptáculos de esta deidad, en forma o no de batea, son llamados con el mismo nombre.

Entre sus secretos se encuentran un hacha de doble filo, seis piedras y dieciocho caracoles. Entre sus atributos se destacan un caparazón de jicotea, tambores y maracas. Con este instrumento se le llama para que baje a la Tierra.

El número asignado es el seis, que simboliza la perfección y se asocia con la creación realizada por Dios (hecha en seis días). Changó es visto como una deidad perfecta físicamente. Algunos santeros afirman que los "hijos de Changó" no tienen marcas o cicatrices en su piel.

Oshún: Virgen de la Caridad del Cobre

Oshún es una divinidad que vive en el río. También es el nombre del río que cruza las regiones de Ijesha e Ijebu en Nigeria. Oshún es símbolo de amor y riquezas. La región abdominal está consagrada a Oshún y por esta razón las mujeres que quieren tener hijos propician a la orisha para que las ayude a conseguir sus deseos.

En Puerto Rico, Oshún es vista como una deidad seductora, enamoradiza, que conoce los secretos para seducir a alguien en el amor. Los santeros dicen conocer los secretos para trabajar con esta deidad a la hora de conseguir una conquista. Es la dueña del oro, y cuando alguien necesita dinero, le pone ofrendas a la orisha para conseguir su ayuda.

Es vanidosa y enamoradiza. Mantuvo amoríos con Orula, el adivino celestial; con Ochosi, el cazador; con Babalú-Ayé, el patrón de los enfermos; con Changó, el guerrero y dueño del fuego, y con Oggún, el forjador del hierro. Todos fueron sus esposos o amantes. Sólo Obatalá, su padre y su confidente, y Elegguá, no han estado unidos íntimamente a esta deidad.

El poder de Oshún sobre los hombres está muy conectado con su propiedad, la miel, símbolo secreto de su sexualidad. Cuenta un mito que un día Oggún se retiró al monte y ninguna deidad había logrado sacarlo de ese encierro. Las deidades enviaron a Oshún para ver si podía hacer algo. Ella usó sus seductores encantos para que se le acercara y, tan pronto como Oggún lo hizo, cogió un poco de su miel y le mojó sus labios. Oggún quedó atado a la deidad y la siguió hasta donde se encontraban los demás orishas.

Una santera afirmó: "Oshún, junto con Oyá y Obbá, fue una de las mujeres de Changó y que se enamoró de él en unos de los güemileres a donde solía ir a bailar. De ese amor nacieron los Ibeyis, gemelos divinos, los cuales crió Yemayá. Su amor fue tan grande que todas sus riquezas se las daba a él. Tan es así que, por no querer comprarse un vestido nuevo, de tanto lavar su vestido blanco, se tornó amarillo, y por tal razón Oshún se representa con el color amarillo".

Gracias a Yemayá, Oshún, su hermana menor, es la dueña del río, del amor y su gran riqueza. A Oshún le pertenece el cobre, por lo que está sincretizada con Nuestra Señora de la Caridad del Cobre. Es adorada en Cuba en la Iglesia Parroquial de la Villa del Cobre, la cual es una zona abundante de minas de ese metal.

Cada vez que un santero quiere hacer un trabajo relacionado con el amor y el dinero, ofrece un sacrificio a Oshún y espera con fe que ésta se lo conceda.

La sopera de Oshún es multicolor, con predominio del amarillo, o puede ser amarilla por completo. Su sopera está llena de agua, preferiblemente de agua de río, donde reside su fortaleza. También se encuentran dentro de la misma cinco piedras u otanes los cuales deben recogerse en el río, dos remos, y sobre la sopera, cinco manillas como las de Yemayá, pero en oro. También una corona en color oro. Por ser muy vanidosa, entre sus atributos podemos encontrar abanicos, joyas, espejos, cepillos y maquillajes. Los creyentes la llaman para que "baje" a la Tierra por medio de una campanita de color oro.

A Oshún se le sacrifica el chivo capón, gallinas, palomas y guineas. Su celebración es el 8 de septiembre, puesto que se sincretiza en Puerto Rico y Cuba con la Virgen de la Caridad del Cobre.

Según la tradición, en el año 1628 tres pescadores de la población del Cobre, en Cuba, una zona minera, se encontraron milagrosamente en el mar la imagen de esta virgen. La recogieron y desde ese día la adoraron convirtiéndose en la patrona de ese lugar.

El número que representa a Oshún es el cinco. Está relacionado con el amor y el matrimonio, siendo parte de los poderes que rigen a la deidad.

Oyá: Nuestra Señora de la Candelaria

Oyá es la diosa del río Níger. Corre al Norte y al Oeste del territorio yoruba. También es conocida como Yansa, y sus poderes se manifiestan a través de los temporales y los fuertes vientos.

Oyá es vista como una mujer guerrera, quien acude a las guerras con su eterno enamorado Changó. Es dueña del viento y de los temporales. Fue amante de Changó y luchaba junto a él en las guerras. Vive en el cementerio, aunque sufre mucho cuando ve los cadáveres que le trae la deidad Orisha-Oko en su carreta, encargado por Olofi a esta misión.

Según la leyenda, Oyá y Yemayá son enemigas. Por tal razón, en las casas de santo en Puerto Rico, las soperas en las que vive cada deidad no pueden estar juntas. Esta rivalidad existe porque según un mito yoruba, Yemayá en un principio era la dueña del cementerio y Oyá la del mar. Un día Yemayá se cansó del cementerio y decidió convencer a Oyá de que el cementerio era mejor que el mar. Oyá convencida hizo el intercambio, y cuando vio lo que era el cementerio, se puso furiosa y nunca perdonó a Yemayá por la traición. Desde entonces las dos se detestan y los creyentes del culto tienen cuidado de no hacer ceremonias ni sacrificios a ambas deidades a la misma vez".

Los creyentes preparan grandes sortilegios de magia utilizando los poderes de esta deidad por el gran vínculo que tiene con el cementerio y los egguns.

La sopera tiene muchos colores, pero el rojo oscuro y el bronce, predominan entre los receptáculos donde se ponen sus secretos. También se coloca un iruke con cuentas de su color, el cual es utilizado por los santeros en Puerto Rico para limpiar el ambiente y a las personas de influencias negativas.

La sopera de Oyá en Puerto Rico contiene nueve piedras u otanes, nueve manillas con su corona, y herramientas en bronce, las cuales simbolizan el trabajo y la muerte. Entre sus herramientas se puede ver una flecha, una pala, un pico, un rayo, un rastrillo y un machete, que también hacen parte de los atributos de Oggún.

Sobre los secretos de esta deidad, se sacrifican chivas, gallinas, palomas y guineas. Esta deidad está sincretizada con la Virgen de la Candelaria y su celebración es el 2 de febrero. Ese día los puertorriqueños y los creyentes encienden fogatas en sus casas en honor a la virgen.

Durante las celebraciones de la Virgen de la Candelaria en la Iglesia Católica es tradición que las mujeres pasen en procesión delante de la iglesia con velas en las manos como símbolo de purificación y luego las ponen alrededor de la imagen de la virgen. Luego el sacerdote de la iglesia bendice las velas.

La sincretización de Oyá con la Virgen de la Candelaria pudo ser a que esta orisha, durante sus batallas junto con Changó, arrojaba fuego por la nariz y por la boca para combatir a sus enemigos. La Virgen de la Candelaria se asocia en la religión católica con el fuego y las velas que se le ofrecen a la virgen.

El número que la representa es el nueve. Está relacionado con los sufrimientos y penas, precisamente lo que representa para muchos visitar un cementerio.

Oyá está vinculada con los trabajos de magia y trabaja sus hechizos con la ayuda de los egguns (espíritus de los muertos). Según Schimmel (1963), estudioso de la numerología, en la antigüedad los alemanes relacionaban este número con los fantasmas y espíritus y cuando los veían no decían nada hasta pasados los nueve días de haberlos visto. Incluso, si un individuo quería tener un encuentro con una persona después de morir, tenía que esperar nueve días después de su muerte.

Cuando un iniciado quiere que la deidad Oyá "baje" a la Tierra, la invoca con la vaina del árbol de flamboyán, la cual es adornada con los colores de la deidad.

Oggún: San Pedro

La deidad Oggún es un personaje histórico en África, ya que aparentemente fue el gobernador de la ciudad de Ilé-Ifé. Es una deidad muy respetada por tener entre sus virtudes el ser un buen guerrero.

El fundamento de Oggún es entregado a los creyentes junto con Ochosi, Ozun y Elegguá. Estas cuatro deidades son conocidas como los guerreros y se les atribuye la virtud de proteger a los creyentes que los reciben durante su estancia en la Tierra.

Oggún es el dueño del hierro y los metales, protege a quienes lo reciben de accidentes de trenes, coches e incluso de la cárcel. Por ser un símbolo de la guerra, es un orisha muy respetado. Simboliza el cuchillo con el que se sacrifican los animales a los demás orishas. Esto es un gran dilema pues mientras se dice que Elegguá "come" primero, se dice también que es Oggún, pues la sangre toca primero al cuchillo que a la piedra donde habita Elegguá.

Oggún vive en el monte. Cuando un creyente va a tomar alguna planta del monte, primero le pide permiso a Oggún y luego le deja un derecho en monedas. Los yorubas en África respetan a la madre naturaleza. En el Nuevo Mundo sucede lo mismo. Nadie puede cortar una planta, entrar al río o al mar sin antes pedirle permiso al orisha que reside en ese lugar (llamado Ilé o casa de la deidad).

Oggun se recibe en una caldera de hierro, y allí dentro se colocan diferentes réplicas en hierro, instrumentos de trabajo (machetes, palas, picos, rastrillos, clavos, martillos, serruchos, cuchillos) y un arco y flecha, los cuales pertenecen a Ochosi, deidad que complementa a Oggún porque "trabajan" juntos para el beneficio del creyente.

Esta deidad está sincretizada con San Pedro y su celebración es el 29 de junio. Pedro fue conocido como príncipe de los apóstoles. Era pescador de Galilea y fue de los primeros en seguir a Jesucristo. Su verdadero nombre era Simón, pero Jesús lo nombró Pedro, que significa piedra o roca. Cuando funda la iglesia, Jesucristo dice en Mateo 16,19: "Tú te llamarás Pedro, y sobre esta piedra edificaré mi iglesia. Y a ti te daré las llaves del reino de los cielos".

Su sincretización se basa posiblemente en que cuando los orishas bajaron a la Tierra, Oggún era quien iba al frente con su machete abriendo caminos para que todos pudieran pasar (la similitud con Jesús que le entrega a Pedro las llaves que utilizará para abrir las puertas del cielo, es evidente).

Oggún es el dueño de los metales y Jesús le da a Pedro una llave, la cual está hecha de metal.

Los colores de Oggún son el verde y el negro. Los santeros soplan ron a la caldera donde habita esta deidad, y le ofrecen la sangre de los siguientes animales: guinea, perro, paloma, chivo, gallo y jutía.

Ochosi: San Norberto

Ochosi es originario de la región de Ketú, en Nigeria. Es guerrero, cazador y pescador por excelencia. Forma parte de la justicia divina. Ochosi dejó a su madre Yemayá para irse a vivir al monte junto con Osain, deidad que vive entre las plantas.

Ochosi es visto como un héroe. Era un hombre común, pero debido a las grandes hazañas que realizó por la gente de su aldea, fue divinizado y entró a formar parte del panteón yoruba.

Cuando alguien tiene problemas con la justicia o quiere evitar ir a la cárcel, suele utilizar los poderes de esta deidad mediante polvos que los santeros y babalawos en Puerto Rico y Cuba llaman afoché, y que derraman en el tribunal donde se celebran los juicios para así salir del problema.

Ochosi esta sincretizado con San Norberto y su fecha de celebración es el 6 de junio. San Norberto nació en Alemania en 1080. Su familia era muy adinerada y lo único que quería era dedicarse a los placeres que conlleva una vida de comodidades y gozos, sin ninguna aspiración espiritual.

Un día que iba en su caballo, un rayo lo asustó. Él calló al suelo y quedó inconsciente por más de una hora. Al volver en sí dijo: "¿Señor, qué quieres que yo haga?" Dios le contestó: "Apártate del mal y haz el bien". Entonces comenzó su conversión, dedicándose por completo al mundo de la predicación y la penitencia. Luego se convirtió en arzobispo de Magdeburgo. Murió en el año 1134.

Respecto al sincretismo de Ochosi, Natalia Bolívar (1994) dice que lo más probable es que haya sido debido a una confusión con el nombre de San Humberto, patrón de los cazadores y, por consiguiente, figura naturalmente afín al orisha.

Entre los atributos de Ochosi se encuentran los cuernos de venado, es por esa dualidad el número que lo representa es el dos. Su color es el azul claro. A Ochosi se le sacrifica chivo, venado, jutía, paloma y todas las aves.

Ozun

Ozun es la deidad que actúa como mensajero de Obatalá y Olofi. Es la custodia y el vigía de los creyentes. Se representa mediante una copa en metal que en su parte superior tiene la figura de un gallo. Toda persona que recibe a esta deidad tiene que poner su copa en un lugar alto de la casa y, si la misma se cae por sí sola, es porque le está avisando a su dueño que está en grave peligro.

Frazer (1994) denominó lo anterior como *magia imitativa* (se piensa que la vida de una persona puede estar materializada en un objeto y la destrucción de ese objeto puede causar su muerte).

En santería, la vida del creyente no corre peligro si alguien destruye la copa de Ozun, pero la creencia es muy parecida a la magia imitativa, ya que el creyente está convencido de que si el objeto se cae al suelo por si solo es motivo suficiente para pensar que su vida está en peligro.

La copa también la reciben los babalawos, ya que Orula se apoya en esta deidad para obtener más poder y sabiduría. En Puerto Rico, los iniciados en los secretos de la deidad Oddúa, también la reciben como complemento de sus objetos de culto.

Ozun es la persona misma, por eso no está sincretizado en el Nuevo Mundo por ninguna imagen católica porque no existe relación alguna de esta deidad con la doctrina católica ni con ningún número. Los creyentes no le piden nada, no le rezan, ni le ponen ofrendas, aunque sí se le sacrifican palomas al momento de ser entregado.

Ozun se representa con una copa en metal, y sobre ella, un gallo en un eje perpendicular que se implanta en un recipiente tapado que contiene los secretos de la deidad.

Existen dos tipos de Ozun: el que recibe el babalawo (montado en un tubo de la misma altura que la persona que lo recibe). Es igual al que reciben los iniciados en los secretos de Oddua (llamado Arikubambaya). El otro Ozun es el que reciben los santeros. Aunque es muy parecido al primero, está montado en un tubo pequeño.

Babalú-Ayé: San Lázaro

Los santeros ven a Babalú-Ayé como una deidad humilde y con la sabiduría de curar enfermedades, poder que le dio Olofi. Simboliza las enfermedades infecciosas, venéreas y de la piel. Así como puede causar las enfermedades, también las cura. Conoce los misterios de la muerte y del renacimiento. Se representa cubierto de paja para ocultar las heridas de la viruela que marcaron su piel.

Babalú-Ayé está sincretizado en el Nuevo Mundo con San Lázaro, y entre sus atributos se pueden ver unas muletas como las que usa el santo católico.

Los santeros creen que Babalú-Ayé viene de la tierra de Arará (Dahomey). Según la leyenda, era originariamente del territorio yoruba pero tuvo que salir de allí cuando contrajo viruela causada por no respetar a los orishas mayores. Todos lo despreciaban y rechazaban y arrojaban agua como señal de su desprecio. Cuando decidió irse de su pueblo, debido al desprecio, se encontró con Elegguá–Eshu, quien decidió llevarlo a Orula, para que lo consultara con los oráculos de adivinación y le dijera qué hacer.

Orula le dijo que se haría grande en tierras lejanas, pero que tenía que hacer ebbo con miniestras y tener siempre un perro a su lado, el cual pidió a la deidad Oggún.

Haciéndole caso a Orula, se fue hasta Dahomey y allí se hizo rey y Olofi envió un fuerte aguacero que lo limpió y le quitó todas sus enfermedades por haberle hecho caso a Orula. A pesar de ser de tierra yoruba, esta deidad se hizo famosa en tierra arará en Dahomey.

Los secretos de Babalú-Ayé se colocan en una cazuela plana, la cual es tapada con otra a la inversa. A su alrededor se encuentra una cazuela para su Elegguá, que los santeros llaman Afrá y un ozun donde se encuentra el ashé secreto de Babalú-Ayé, el cual está coronado por un perro. En sus atributos tiene un ajá con el cual los santeros limpian a quienes padecen de alguna enfermedad.

En sus secretos se incluyen dos perros en metal, dos en madera, dos muletas y siete piedras. Cuando se lavan los objetos de culto, o durante las ceremonias, se utiliza agua de coco o vino seco, porque el agua fue usada para ofenderlo.

Su celebración es el 17 de diciembre y está sincretizado con San Lázaro. Los católicos lo representan con unos perritos conmemorando el suceso antes de ser rey de Dahomey.

Cuando Lázaro murió, Jesús, que era muy amigo de él y de sus hermanas, lo revivió milagrosamente. El acto de la resurrección puede ser comparado con el suceso de Babalú-Ayé, donde Olofi sanó sus heridas.

Su número es el trece. En los registros de adivinación en santería ese número significa "donde nace la enfermedad". Un oriaté en Puerto Rico afirma que el suceso ocurrido en el pueblo yoruba hizo que los mayores decidieran que su palabra no contara nunca más. Por tal razón le asignaron el número trece en el caracol. Los santeros sólo pueden consultar hasta el número doce. Los babalawos sólo pueden leer el trece, ya que Orula fue quien ayudó a Babalú-Ayé, y sólo Orula puede interpretar este signo en el oráculo de adivinación.

Poco se sabe de este número pero siempre es visto como un número negativo o de mala suerte. La teología cristiana tampoco dice mucho de este número. He podido encontrar una combinación lógica con el número: el cinco tiene que ver con el Pentateuco, y al sumarlo con el ocho (la resurrección de Cristo), suman trece.

Sus colores son el morado y el amarillo. A esta deidad se le sacrifica la sangre de animales como: chivo, gallo, paloma y guinea. Los santeros la invocan por medio de su ajá para que "baje" a la Tierra.

Orisha-Oko: San Isidro Labrador

El culto a Orisha-Oko proviene de Irawo, al Noroeste del territorio yoruba. Los mitos lo describen como un cazador que luego se convirtió en agricultor. Antes de introducirse el culto a Orisha-Oko en el pueblo yoruba, la deidad de la agricultura era Oggún.

Según Erwan Dianteill (2002), en la región central del pueblo de Ilá-Orangun se puede apreciar una relación que complementa a ambos orishas: Oggún como dios de los cazadores y Orisha-Oko como dios de la agricultura.

Los santeros en Puerto Rico dicen que Orisha-Oko es el dueño de la tierra, la agricultura y las cosechas. Es el patrono de los labradores y quien cuida las plantaciones de ñame que tenía Obatalá, fruto sagrado de este orisha.

Debido a la fertilidad que representa a este orisha, las mujeres recurren a él para superar la esterilidad.

Orisha-Oko es la contraposición de Yemayá. Ella es la diosa de la fecundidad y la madre por excelencia. Orisha-Oko es la deidad masculina que fecunda la tierra. El pueblo yoruba era agricultor, y necesitaba rendirle culto a una deidad que les trajera la riqueza de la tierra para su subsistencia.

En el receptáculo de esta deidad debe predominar el color azul por la deidad Yemayá, aunque es representado por el amarillo y el marrón, los colores del Sol y la Tierra, ambos asociados a la agricultura. Entre sus atributos podemos encontrar (dentro de un plato de barro) elementos que representan la agricultura: un arado de bueyes con un parasol, dos cocos pintados de rojo y blanco y una teja. La teja simboliza los techos de las casas de los iniciados, ya que Orisha-Oko es entregado a los santeros para que tenga fortaleza y seguridad material en sus vidas.

En una ocasión vi un receptáculo de esta deidad, y aunque no es común verla representada de esta manera, había un Ozun, que se entrega también durante su ceremonia, al igual que sucede con el orisha Babalú-Ayé.

El Ozun, según me cuenta su dueño, debe tener la medida exacta que va desde la rodilla hasta el talón del que lo recibe. Esa es la medida de sus piernas; de su sustento. El Ozun tiene una varilla en forma de arado la cual tiene una serpiente. A un lado tiene una media luna relacionada con el símbolo de la agricultura debido a que en muchas culturas los agricultores siembran dependiendo de los cambios de la Luna. Dentro del receptáculo se encuentran herramientas relacionadas con la agricultura y siete caracoles pintados con los colores del arco iris.

Este orisha es el encargado de llevar los muertos al cementerio en su carretón y los cubre con su parasol para que el sol no los deteriore. Luego cava un hueco para enterrarlos. A los muertos los recibe Oyá en el cementerio, por ser allí donde habita esta deidad. Es curiosa la acción de llevar a los muertos al cementerio cubiertos con un parasol. En Nueva Orleáns, los muertos son llevados al cementerio con un gran parasol negro y los presentes también llevan paraguas negros. Esta es una costumbre de los antiguos africanos que llegaron a la zona y que sus descendientes han conservado hasta la actualidad. ¿Existe alguna relación entre la acción de la deidad y la costumbre de estos habitantes de Nueva Orleáns?

Los animales ofrecidos a Orisha-Oko son: paloma, gallo y chivo. Esta deidad está sincretizada con San Isidro Labrador, y su celebración es el 14 de mayo. Es el Santo patrono de los agricultores. Quedó huérfano a los 10 años de edad y se empleó como peón de campo, ayudando en la agricultura a don Juan de Vargas, dueño de una finca, cerca de Madrid. Allí pasó muchos años labrando las tierras, cultivando y cosechando.

Los Ibeyis o gemelos divinos: San Cosme y San Damián

El frecuente nacimiento de gemelos en el país yoruba ocasionó el establecimiento de un culto a los gemelos divinos: Ibeyis o mellizos en el Nuevo Mundo. Los Ibeyis son conocidos también como *jimagüas*, palabra que utilizaban los taínos para nombrar a sus gemelos divinos. Esta expresión fue adoptada por los santeros en Cuba, y en Puerto Rico debido a la influencia de los cubanos.

Para los yorubas, el nacimiento de gemelos en un hogar simbolizaba poder y buena suerte. Su devoción ocasionó que se construyeran estatuillas que describen al ser humano en la plenitud de la edad adulta y no con el aspecto de una criatura.

Se considera que los gemelos pueden aportar riquezas a sus padres si son debidamente honrados. En caso contrario, provocan la desgracia o en ocasiones la esterilidad. En África, después del nacimiento, la madre de los gemelos baila en la plaza del mercado y recibe donativos de plata que acrecientan la prosperidad de la familia.

Los Ibeyis son hijos de Oshún y Changó, pero criados por Yemayá. Son vistos como niños juguetones y golosos. De hecho, en el día de "Halloween", festividad que se celebra en Puerto Rico el 31 de octubre, donde los niños se disfrazan para pedir dulces por el vecindario, los santeros acostumbran a poner dulces en un platito y luego los riegan por las calles para los niños en honor a los Ibeyis.

Los Ibeyis son representados por dos muñecos vestidos completamente de blanco. Los santeros los adornan con collares que pertenecen a Changó, Yemayá, Oshún, Obatalá y Oggún y los sientan en unas butacas pequeñas. En África son representados con dos figuras talladas en madera (al igual que en Puerto Rico) y se consiguen en lugares donde se fabrica artesanía africana

Los santeros ponen en frente a los muñecos dos soperas. Éstas llevan cuatro piedrecillas, siete caracoles y cuatro canicas. También se colocan ofrendas con todo tipo de juguetes infantiles y diversas golosinas. Ellos son vistos como niños que nunca crecieron.

A los Ibeyis se les sacrifica animales como el pollo, la guinea y la paloma. Están sincretizados con San Cosme y San Damián y su celebración es el 26 de septiembre.

Los gemelos nacieron en Arabia, en el siglo III. Dedicaron toda su vida a la medicina y a curar pacientes pobres sin cobrarles dinero. En lugar de cobrar, pedían unos minutos para hablarles a quienes curaban en nombre de Jesús. Lisias, el gobernador de Sicilia, se disgustó con la práctica de propagar la religión de Jesús y les mandó cortar las cabezas por proclamar su amor a Dios.

El sincretismo de San Cosme y San Damián con los Ibeyis se debe a que son santos y orishas gemelos.

Los Ibeyis no tienen números que los representen, pero en los odduns del oráculo de adivinación estos "hablan" en todos los números pares: 2–2, 4–4, 8–8, y así sucesivamente, hasta los 256 odduns que existen en la consulta del Ifá.

De todas las deidades que habitan en el panteón yoruba, estas quince son las más importantes y conocidas por los adeptos de santería en Puerto Rico. Quisiera añadir tres más. Aunque no son muy conocidas, no dejan de ser importantes por ser parte de la mitología yoruba. Estas deidades son más conocidas en Cuba. En Puerto Rico los santeros no siempre las reciben, bien porque no les ha sido indicado por medio de los oráculos de adivinación que deben recibirlas, o porque económicamente no pueden costear los gastos de las ceremonias.

Los santeros dicen que en Puerto Rico, a diferencia de Cuba, se pagan grandes sumas de dinero por las iniciaciones y por ese motivo muchas veces no pueden costear las ceremonias.

Obbá: Santa Catalina de Sienna

Obbá, junto con Yewá y Oyá forman la trilogía de las orishas que habitan en el cementerio.

Según un babalawo, Obbá es una deidad que sufre mucho por su esposo Changó, y tiene que luchar por su amor debido a que él mantiene amoríos con Oshún y Oyá. Obbá es una deidad seria y solitaria y habita en los lagos.

Una vez escuché en una reunión de santeros una historia referente a Obba: "Obbá era esposa de Changó pero él siempre estaba con muchas mujeres. Obbá fue donde Oshún (orisha del amor) a pedirle un consejo para que Changó se enamorara más de ella y dejara a sus otras mujeres. Oshún, como también estaba enamorada de él, le dijo que se cortara una oreja y se la cocinara en una sopa a su marido para que él siempre estuviera a su lado. Changó llegó a su casa y notó a Obbá nerviosa, de repente se dio cuenta que le faltaba una oreja y comenzó a repudiarla desde ese momento dejándola sola. Obbá lloró tanto por Changó que sus lágrimas formaron los lagos donde habita actualmente. Desolada, se fue a vivir al cementerio desde donde cuida las tumbas de los muertos".

La historia me pareció muy interesante y nunca la olvidé. Los creyentes ven a sus deidades con las mismas necesidades y debilidades como si fueran seres humanos.

El receptáculo de Obbá es una sopera blanca floreada, donde prevalece el rosado y el amarillo, pero su color representativo es el rosa y el negro. Según Celia Blanco (1995), esta deidad lleva dentro de su sopera siete piedras planas, sugiriendo formas de oreja, dos manillas, un yunque de madera, una brújula de metal que representa la imagen del pensamiento recorriendo el mundo y un timón que simboliza su responsabilidad como guía del ser humano.

Se le ofrecen la paloma, gallina y chivo. Está sincretizada con Santa Catalina de Sienna y su celebración es el 29 de abril. Se le llama para que "baje" a la Tierra con una maraca rellena de semillas del árbol de ceiba.

Catalina significa la *pura*, la *inocente*. Nació en Sienna, Italia, en 1347. A los 6 años de edad tuvo su primera experiencia sobrenatural donde se le apareció Jesucristo. Allí empezó su conversión. A los 12 años de edad, decidió cortarse su larga y hermosa cabellera, dejó de arreglarse y empezó a retirarse a un lugar solitario en su casa a orar, meditar y hacer penitencia.

El hecho de que Catalina se haya cortado su cabello, al igual que Obbá su oreja en sacrificio por el amor (la primera por amor a Dios y la segunda por amor a Changó) y el significado de su nombre (la pura, la inocente), son las cosas que hacen que la deidad se haya sincretizado por los yorubas con Santa Catalina de Sienna.

Yewá: Santa Rosa de Lima

Los adeptos en santería iniciados en los secretos de Oddúa reciben esta deidad como complemento debido a que Yewá es hija de Oddúa.

Los santeros iniciados en los secretos de Oddúa y que reciben a la deidad Yewá se distinguen por su gran acierto en los oráculos de adivinación.

Yewá es una orisha que vive dentro del cementerio, entre las tumbas y los muertos. Se le considera como una virgen casta, y en presencia de sus objetos de culto no debe haber disputas, ni se debe levantar mucho la voz.

Según un appatakie, Yewá era una joven casta y pura a la cual ningún hombre podía seducir. Changó, quien era un gran seductor, logró su cometido aún cuando no tenía interés. Esto entristeció a Yewá y pidió a su padre que la enviara a un lugar donde nadie pudiera verla. Él la envió al cementerio nombrándola reina de la casa de los muertos.

Los secretos de Yewá se ponen en una canasta hecha en mimbre y se forra con una tela color vino para que no se pueda ver nada de ella. Sobre la tela se ponen caracoles incrustados y su iruke es de color blanco, al igual que el de su padre Oddúa.

Dentro de la canasta en mimbre se encuentra su sopera rosada o con detalles de ese color. El color de la deidad es el rosa y los animales que se le ofrecen son chivas, palomas y guineas. Está sincretizada con Santa Rosa de Lima y su festividad se celebra el 23 de agosto.

Santa Rosa de Lima nació en Lima, Perú, en el año 1586. Desde pequeña, Rosa tuvo una gran inclinación por la oración y la meditación. Un día escuchó a su hermano decir que los hombres se enamoraban de ella por su larga cabellera y por su hermosa piel. Entonces decidió cortarse su cabellera y cubrirse el rostro con un velo. Un joven de la alta sociedad se enamoró de Rosa y quería casarse con ella. Pero afirmó que nunca se casaría con nadie y que se dedicaría solamente a Dios.

Rosa construyó una pequeña habitación en el solar de la casa donde vivía y allí se dedicó día y noche a la oración y a la meditación por el resto de sus días. Solamente salía para ir a misa o a socorrer algún enfermo.

La historia de la santa y Yewá es similar. Ambas se retiraron a un lugar oculto en su deseo de dedicarse al celibato. Santa Rosa de Lima se retiró a una habitación y Yewá fue enviada al cementerio.

Aggayú-Solá: San Cristóbal

Esta deidad habita en los desiertos y los volcanes. Es el protector de los caminantes, automovilistas, pilotos de aviación. Muchos santeros creen que es el verdadero padre de Changó.

Aggayú es la fuerza de los ríos que abre surcos en la Tierra; es el cauce del río y la fuerza que lo abrió. Era un orisha muy fuerte y ayudaba a cruzar a las personas el río cuando estaba crecido. Un día Yemayá fue ayudada por esta deidad a cruzar el río y se le insinuó a Aggayú. Ambos se enamoraron y de esa unión nació Changó.

La sopera de Aggayú contiene nueve colores. Entre sus herramientas se encuentran un hacha y armas en diseño africano hechas en hierro. Se le ofrenda en Puerto Rico y Cuba nueve galletas con manteca de corojo y frutas de todo tipo. Se sincretiza con San Cristóbal y su celebración es el 10 de julio.

Cuentan las historias que en Cilicia había un río muy turbulento que a los niños y ancianos se le hacía difícil cruzar. Cristóbal quien era un gigante forzudo de Canaam, quería dedicarse a servir a Cristo, y se fue a ese lugar a ayudar cruzar a la gente gratuitamente gracias a su fuerza y estatura.

La relación entre la historia del santo y Aggayú se hace muy evidente. Ambos dedicaron sus vidas a hacer buenas obras sirviendo al prójimo.

Análisis del panteón yoruba y sus comparaciones

Me llama la atención que todas las deidades femeninas del panteón yoruba se relacionen con los ríos y, según los mitos, con los cementerios en África. La deidad Oshún se relaciona con el río Osogbo, cerca de Oyó y el río Oshún, al Este de Osín. Oyá se relaciona con el río Níger. Existe el río Oba (Obbá) y el río Yewá (Yewá), ambos afluentes al río Oshún. Incluso en Abeokuta se encuentra el río Yemoja, el cual se relaciona con Yemayá.

Según los mitos yorubas, Oshún, en el pasado, fue la única dueña del cementerio, y sufría cuando llegaban los cuerpos inanimados de los hombres que amaba. Obbá pena por su esposo Changó, es una mujer solitaria que habita en los lagos y ríos, y en ocasiones se puede encontrar en el cementerio. Yewá fue enviada por su padre Oddúa al cementerio porque no quería ser vista nunca más por los vivos. Oyá era la dueña del mar y Yemayá la del cementerio. Yemayá se cansó de vivir allí y decidió convencer a Oyá de que el cementerio era mejor que el mar. Oyá hace el intercambio, pero cuando vio lo que era el cementerio, enfureció y nunca le perdonó la traición a Yemayá.

Oyá, Obbá y Yewá forman la trilogía de las orishas que habitan en el cementerio, pero también Oshún y Yemayá estuvieron relacionadas en el pasado con el camposanto.

¿Existe alguna relación entre los ríos y la muerte en las creencias yorubas? ¿Será una mera casualidad? Según mis estudios, el río sí tiene mucho que ver con la muerte ya que para el yoruba el río no es sólo un fenómeno de la naturaleza; es la fuente de riquezas (Oshún), fuente de vida (Yemayá) y también se relaciona con la muerte (Oyá, Yewá y Obbá).

Los santeros reconocen la importancia del agua y llevan al neófito al río el día antes de su iniciación. Este acto es un proceso de muerte y un renacer a la nueva vida de iniciado, dejando atrás la vida profana que llevaba. Como se mencionó anteriormente, cuando una persona moría, Olofi le daba vida eterna convirtiéndolo en lluvia y de esta forma descendía a la tierra, donde se dirigía hacia los ríos hasta llegar al fondo y se transformaba en una piedra. A estos ancestros se les atribuía la capacidad de controlar las fuerzas de la naturaleza y de conocer las propiedades de las plantas. Después de su muerte los familiares querían mantenerse en contacto con este pasado, para que le transmitiera su ashé por medio de la piedra.

El ashé es el poder que le fue otorgado por Olofi a cada una de las deidades al momento de la creación. No sólo habita en ellas, también se encuentra en los objetos que se relacionan con cada uno de sus orishas. En santería, el ashé puede obtenerse o perderse. Se puede transmitir a otras personas y objetos, y estos pueden estar impregnados del "fluído eléctrico" o "energía sobrenatural".

El ashé se puede encontrar en el cuerpo del iniciado, y podría ser el representante del orisha aquí en la Tierra. El ashé reside en su saliva, en sus manos y en su aliento. Los santeros utilizan el ashé de su saliva en los ingredientes que preparan para las ceremonias.

Estas deidades son la base sobre la que se apoya la fe de los adeptos en santería. Ellos piden con fe y les rinden culto porque están convencidos de que van a cumplir con todo lo solicitado.

Los secretos donde se encuentra el ashé de los orishas están guardados en soperas. Las soperas tenían un lugar predominante sobre los vajilleros que se encontraban en los comedores de las casas de los españoles. Eran hechas de plata o de porcelanas finas, y nadie se extrañaba al ver soperas en los comedores. El cuidado de las soperas era parte del quehacer diario de los esclavos, y era muy fácil ocultar los secretos sin que los amos se dieran cuenta. La tradición de mantenerlas cerradas se mantiene en nuestros días.

Como ya se explicó, el hombre blanco muchas veces accedió a participar en las creencias de los esclavos, y es posible que haya utilizado las soperas para camuflar sus creencias y que la costumbre haya sido adoptada por el africano.

El siguiente cuadro es un esquema comparativo de las deidades africanas expuesto en este capítulo.

Cada una de las deidades mantiene una característica diferente, incluso los números, exceptuando el de Oggún que mantiene el mismo número que su madre Yemayá. En cuanto a los colores, a pesar de formar parte de los atributos de las imágenes de los santos católicos con los que fueron sincretizados, mantienen una correlación con los colores que utilizaban los africanos en su arte iconográfico. Los que tienen más significado en su sistema religioso son el blanco, rojo, azul, negro, amarillo y verde.

El color blanco sugiere la vida perpetua y es símbolo de vida nueva y alegría. Es el color de los muertos aun cuando para los africanos, la muerte es la continuidad de la vida. Es el color de iniciación. En el Nuevo Mundo, los neófitos y santeros se visten de blanco durante las ceremonias. Oddúa, Obatalá, Yemayá, Changó, Oshún, los Ibeyis y Aggayú-Solá tienen este color entre sus atributos. Oddúa y Obatalá poseen sólo el blanco por estar asociado con el rey de los muertos y por ser la primera deidad a la cual los yorubas rindieron culto después de su muerte. Los santeros piensan que en las iniciaciones Obatalá es quien los protege y defiende (también al neófito) de energías negativas. Por tal razón siempre visten de blanco, no sólo durante la iniciación, sino en todas sus ceremonias religiosas.

La relación de Yemayá con el color blanco se debe a que es sinónimo de vida. Es la madre de todos los orishas, incluso madre de crianza de los Ibeyis, los cuales, al igual que Oshún y Changó, son deidades que se perciben muy alegres y de gran vitalidad.

En muchas culturas el color rojo simboliza la sangre y la energía vital. Aquí lo encontramos en las deidades Elegguá, Changó, Oyá, los Ibeyis y Aggayú-Solá. En el caso de

Las Deidades Yorubas

Deidad	Colores	Número	Instrumento con que "llaman" a la deidad
Oddúa	Blanco	8	Campana plateada
Obatalá	Blanco	8	Campana plateada
Orula	Amarillo y verde	4	No baja a la Tierra.
Elegguá	Rojo y negro	3	Maraca roja y negra o un pito
Yemayá	Azul y blanco	7	Maraca
Changó	Rojo y blanco	6	Maraca roja y blanca
Oshún	Amarillo y blanco	5	Campana dorada
Oyá	Multicolor. Predomina el rojo oscuro o el bronce	9	Vaina (fruto del árbol de ceiba)
Oggún	Verde y negro	7	Soplándole ron
Ochosi	Azul pálido	2	Soplándole ron

Las Deidades Yorubas (continuación)

Deidad	Colores	Número	Instrumento con que "llaman" a la deidad
Babalú-Ayé	Morado y amarillo	13	Ajá
Orisha-Oko	Amarillo y marrón	Sin número	No baja a la Tierra
Los Ibeyis	Rojo y blanco (niño), azul y blanco (niña)	Pares: 2-2, 4-4, 8-8	No bajan a la Tierra
Obbá	Rosa y negro	Sin número	Maraca llena de semillas de ceiba
Yewá	Burdeos	Sin número	No baja a la Tierra
Aggayú-Solá	Rojo, azul, verde, negro, morado, rosa, amarillo marrón, blanco	Sin número	No baja a la Tierra

Changó, sabemos que es sinónimo de vitalidad y portador de la fuerza del trueno. En Oyá, simboliza el fuego y las tempestades. Ambos orishas están unidos sentimentalmente en los mitos yorubas. Elegguá es visto como un niño que hace travesuras (así como los Ibeyis y Aggayú-Solá), y habita en los volcanes. En ocasiones se asocia con el Sol que también se identifica con el color rojo.

El color azul es símbolo de armonía. Se encuentra entre los atributos de Ochosi y su hermano Oggún. Sus objetos de culto habitan en un mismo receptáculo. Son vistos también para Yemayá, quien es la dueña del mar y la encargada de apaciguar las aguas de los océanos. Los Ibeyis, quienes se asocian más con el blanco, portan el rojo y el azul debido a su padre Changó (símbolo de virilidad) y a su madre de crianza, Yemayá.

El color negro es el símbolo de la noche, de la vida de los iniciados, la ignorancia y el misterio. Es también el color de la Tierra. Se encuentra en los atributos de Elegguá, quien es de vital importancia para la vida de los iniciados. Está relacionada con el destino de las personas. Los santeros mantienen una buena relación con esta deidad mediante ofrendas, ya que de ella depende su felicidad o su desgracia.

Como ya se mencionó, Oggún violó a su madre, Yemayá, y luego se castigó a sí mismo internándose en el bosque. Es posible que este color se haya asociado a esta deidad ya que su acción pudo ser vista por los yorubas como ignorancia. También se asocia con Obbá, la cual es vista como una deidad sufrida e ignorante. Por seguir los consejos de Oshún, se cortó una oreja para prepararla en una sopa para su esposo Changó.

El color amarillo es el signo de los rayos del Sol, de la evolución y el progreso de las cosas. Se puede encontrar entre los atributos Oshún, deidad del amor y las riquezas. Los santeros piden a esta orisha para que las cosas materiales progresen, por estar asociada con el oro.

Entre los atributos de Orula encontramos el mismo color, y es también visto como una deidad que puede proporcionar estabilidad económica y evolución espiritual por ser el mensajero directo entre el cielo y la tierra y el máximo conocedor de los oráculos de adivinación.

El color verde es signo de salud, victoria y nuevo nacimiento. Los nuevos iniciados en el bosque se visten de follaje verde. Es símbolo de la victoria sobre la muerte. Este color se identifica con las deidades Orula y Oggún. Orula, además de ser el adivino mayor, es conocido como un buen médico debido a sus grandes conocimientos en plantas medicinales.

Los animales en su gran mayoría son domésticos y de tamaño pequeño. Es posible que en la época de la esclavitud haya sido difícil para los esclavos conseguir ciertos animales. Las aves eran más fáciles de conseguir, y posiblemente facilitó que el esclavo continuara con las ofrendas a sus deidades en secreto.

Los yorubas no sólo ofrendan aves de corral. En el culto a Obatalá dado en Abeokuta (pueblo agricultor y ganadero), se ofrecía y aún sacrifican vacas en su nombre cuando el ganado está saludable.

La casa y el cuarto de santo

Toda esta parafernalia religiosa, se encuentra ubicada en lugares que para los iniciados son considerados espacios sagrados. La casa del iniciado es un lugar sagrado debido a que la religión no tiene un lugar o templo específico. Las casas de los creyentes están continuamente identificadas por espacios sagrados y profanos, y se crea de acuerdo con la necesidad espiritual para mantenerse en contacto con su mundo sobrehumano.

En la medida posible, los santeros preparan en sus casas un cuarto llamado *cuarto de santo*. Este es el espacio sagrado más importante en sus casas, ya que no solamente es un templo donde se encuentran las soperas y los altares de los orishas, sino que también es donde se realizan todas las ceremonias religiosas en santería.

El cuarto de santo debe estar siempre con las ventanas cerradas para que no entre la luz solar. Es preferible mantenerlo con poca luz o luz artificial. Es importante que la puerta de entrada al cuarto de ceremonias esté cubierta por la parte de afuera con una sábana blanca durante los ritos e iniciaciones, de lo contrario no puede existir el cuarto de santo.

Mientras la sábana blanca cubra la puerta, sólo el santero podrá entrar. Es en este lugar donde el creyente entra en contacto directo con la máxima espiritualidad o religiosidad; es su templo sagrado donde se reza y se hacen ceremonias religiosas.

Algunas casas-templo de los santeros o babalawos suelen ser arregladas para efectuar eventos religiosos, en el caso que se realicen con mucha frecuencia. Estos espacios sagrados son conocidos como "Ilé-Ocha", o casas de santo.

En el "Ilé-Ocha" se suele distinguir tres partes:

En primer lugar se encuentra el "Igbodú", o cuarto de santo, donde tienen lugar las ceremonias religiosas a las que sólo pueden acudir los santeros o el aberikolá, en caso de que la ceremonia se esté haciendo para él.

En el "Igbodú" están los armarios donde se encuentran las soperas. En ocasiones se pueden ver altares dedicados a los orishas, y justo en frente de la deidad, platos llenos de sus ofrendas favoritas.

En segundo lugar se encuentra el "Eya Aranla". Es el gran salón donde se reúne la feligresía y donde se celebran los güemileres, o fiestas de toque de tambor. Es una especie de plazoleta lo suficientemente grande para acomodar todos los que asisten a esta gran ceremonia.

Por último se encuentra el "Iban Balo", que es el patio donde tienen lugar las concurridas ceremonias públicas y donde, en ocasiones, están los animales que se utilizarán para los sacrificios. Los santeros y babalawos acostumbran a tener siempre animales en el patio por si necesitan sacrificar un animal a una deidad, como en caso de que su vida o la de alguien estén en peligro.

Ofrendas o ebbos

En la mayoría de las culturas del mundo las personas dependen, quiéranlo o no, de fuerzas extra-humanas situadas fuera de su control físico. Es interesante ver de qué forma los individuos se valen de una gran imaginación para lograr dominar los poderes de sus deidades.

Este es el caso de los yorubas que conocían los secretos de los orishas y sabían qué ofrecer a sus deidades para conseguir lo que necesitaban. La creencia no sólo ocurrió entre los yorubas, pues en muchas partes de África se concibió de la misma manera la relación entre los hombres y los espíritus. Es una práctica muy común creer que para recibir ayuda es necesario el sacrificio. La acción de orar no era suficiente y el acto de sacrificar un animal obligaba a la deidad a cumplir con la petición.

Esta dinámica religiosa se trasladó a los creyentes de la santería en el Nuevo Mundo. Aquí las deidades o espíritus pueden influir en la vida de las personas para bien o para mal, y no siempre se hacen sacrificios para lograr un beneficio, pero para evitar que fuerzas externas los perjudiquen.

El yoruba vino acompañado de un panteón repleto de deidades. Sabía los secretos y qué magia utilizar para conseguir lo que quería. Hoy en día los creyentes saben qué ofrecer a una deidad y qué magia utilizar para conseguir sus propósitos.

En santería todas las ceremonias requieren de ofrendas. Pueden ser animales, frutas o algún tipo de comida. Según la tradición, una deidad no comparte sus ofrendas con otras deidades. Una vez que el individuo da una ofrenda, se convierte en propiedad de la deidad. Nadie puede tocarla hasta que haya sido absorbida su energía.

Antes de realizar una ofrenda, los santeros preguntan al orisha sus deseos por medio del oráculo. Una vez preparada la ofrenda, el santero va al cuarto de santo donde se encuentran las soperas de los orishas, y presenta la ofrenda a la deidad. Luego comienza a "hablarle" a la deidad, explicándole el contenido de la ofrenda y los motivos por los que la está depositando. Al terminar el ritual, espera que se cumplan sus deseos, pues confía plenamente en sus deidades y en su magia.

A pesar de que en el Nuevo Mundo los yorubas utilizaron las imágenes católicas para adorar a sus deidades africanas, los sacrificios no se hacían frente a estas imágenes.

Si el creyente quería hacerle una ofrenda a Changó, sólo podía hacerlo sobre la batea de madera donde residían los atributos y elementos que atraen la energía de esa deidad.

Además de los yoruba, los Ekoi, un pueblo al sur de Nigeria, creen que para que sus deidades los ayuden y se mantenga latente su ashé, es necesario realizar los sacrificios. Afirman que en la sangre de los animales, o en la esencia de las frutas, habita una energía sobrenatural que es transmitida a la deidad por medio de los sacrificios.

Las ofrendas se dejan frente a la sopera del orisha el tiempo que dictamine los oráculos de adivinación, así como también el lugar donde se debe dejar. Por ejemplo, una ofrenda a Oshún puede dejarse cinco o quince días por ser esos sus números, y luego puede llevarse al río donde habita la energía de esa deidad.

En caso de que la ofrenda se haya efectuado mediante el sacrificio de un animal, al terminar el animal es cocinado y comido por los que lo deseen, ya sea en una gran fiesta o sólo por los que habitan en su casa. Para los yorubas, los animales son sagrados, así como el acto de consumirlos, ya que fueron creados por Olofi.

Mitos o appatakies

En ocasiones los mitos explican alguna acción, ya sea en forma directa o en metáfora. De aquí surgen los orishas, su identidad, sus secretos, y todo aquello que los creyentes necesitan saber con relación a sus deidades. Es la base de las creencias yorubas. El mito es la historia que el yoruba nunca escribió pero conservó por medio de la tradición oral.

Los mitos sobre la creación según los yorubas no son diferentes a los de otras culturas. Ellos piensan que Olofi, al terminar de crear el mundo, se retiró a descansar a una montaña.

El mito de la *montaña cósmica* es visto en otras culturas. Según Mircea Eliade (1967) la montaña cósmica expresa el vínculo entre el Cielo y la Tierra.

El mito es una leyenda simbólica de carácter político, social o religioso. El objetivo es hacer creer que algo ocurrió realmente. Es un tratado de los dioses y un conjunto de narraciones que refleja el sentir y las creencias de un pueblo. Para conocer a fondo el origen de una cultura, es necesario recurrir a sus mitos de creación y sus leyendas, donde se cuestiona sus orígenes y naturaleza. En otras palabras, el mito trata de una verdad sagrada donde se revela los principios de la creación pasando de generación en generación.

En muchas ocasiones los mitos se confunden con la historia real de un pueblo debido a la gran fe que sus habitantes tienen en sus leyendas. Ocurre lo mismo con los creyentes en santería. A veces cuando pregunto sobre los detalles de una deidad, o de un suceso en particular, quien responde recurre a los mitos con tanta devoción que es posible pensar que en realidad ocurrió.

Esto sucede con los mitos de Oddúa, quien muchas veces fue representado como un personaje histórico, y otras veces como una de las deidades que Olofi envió a la Tierra después de la creación.

Los yorubas en ocasiones han convertido los relatos históricos en mitos para transmitirlos a sus futuras generaciones. Esto puede causar problemas cuando se intenta comprobar la veracidad de las fuentes. En el mito se encuentra la cultura e historia de una cultura, conservándose en la transmisión oral, y si el mito cambia, también cambia su historia.

En algunas culturas, los mitos primitivos pueden ser transformados y enriquecidos a lo largo de los años debido a las influencias ejercidas por culturas más avanzadas.

Es muy probable que esto haya ocurrido con el mito de creación yoruba, el cual tiene dos versiones. En un principio Obatalá fue quien hizo la creación, pero al llegar Oddúa a estas tierras, el mito es modificado diciendo que Obatalá se quedó dormido a mitad de camino y Oddúa terminó la creación.

En Puerto Rico, el mito está presente en cualquier rito, ceremonia e incluso en la adivinación. Su función es la de revelar modelos para dar un significado a la creación del mundo y a la existencia humana.

Por medio de los mitos, los yorubas revelan las historias y hazañas de las deidades cuando habitaban en la Tierra. También pueden conocer los gustos, deseos y prohibiciones de sus deidades, para así complacerlos a cambio recibir las bendiciones y el ashé que ellos brindan.

Los mitos o appatakies fundamentan y justifican el comportamiento de sus creyentes en África y en el Nuevo Mundo. Por medio de ellos recurren a explicaciones relacionadas con las costumbres, prohibiciones y normas de su pueblo, convirtiéndose en ley de vida.

En Puerto Rico una de las deidades más queridas y respetadas es Yemayá, conocida como la primera madre de la humanidad. Según la tradición, en cierta ocasión Yemayá cayó de espaldas al suelo y quedó inconsciente. En este momento se abrió su vientre y expulsó tanta agua que formó una gran laguna. Allí nacieron Oyá, Oshún, Obbá, Orisha-Okó, Oggún y Ochosi y muchas otras deidades que existen en el panteón yoruba.

El mito puede explicar algunas prohibiciones en la cultura yoruba. En Puerto Rico, los santeros tienden a comportarse como las culturas de los pueblos patriarcales (a la mujer le está prohibido participar directamente en algunas ceremonias religiosas). Estas prohibiciones son explicadas mediante diversos mitos. Por ejemplo, a la mujer le está prohibido iniciarse en los secretos de Orula e incluso utilizar sus objetos de adivinación.

Un iniciado en santería narra este mito:

"Se dice que Yemayá fue mujer de Orula cuando vivían en la Tierra con los humanos. Orula se dedicaba a la adivinación por medio de dieciséis caracoles. Un día se fue de viaje. Yemayá se puso a adivinar con sus caracoles y se convirtió en una experta de la adivinación. Cuando Orula regresó del viaje y se enteró de lo que había hecho su esposa, se enfadó y como no quería que su mujer supiera más que él, le prohibió que consultara más allá de la letra número doce del caracol".

Por tal motivo las mujeres no pueden iniciarse en los secretos de Orula y los santeros no deben hacer consultas con el diloggun más allá de la letra doce. En ese momento debe enviar al consultante donde un babalawo. Las letras trece, catorce, quince y dieciséis del caracol sólo pueden ser consultadas por babalawos.

El creyente utiliza los mitos yorubas para conocer mejor los atributos y secretos de sus deidades. También utiliza el mito para justificar sus acciones. Incluso, en los oráculos de adivinación, cada letra marca un mito en donde el que consulta puede explicarle mejor a sus clientes la situación por la que está pasando. Más adelante, en el capítulo dedicado a la adivinación, hablaremos más sobre este tema.

No es fácil para alguien no iniciado en la religión yoruba conocer la gran diversidad de mitos que existen. Sólo el iniciado los conoce muy bien, ya que han sido conservados por vía oral. El iniciado conoce los mitos porque sus padrinos se los han enseñando durante el proceso de iniciación, y de esa iniciación trata el siguiente capítulo.

Capítulo 4

EL INICIADO Y SUS RITOS CEREMONIALES

Las casas de los santeros en Puerto Rico tienen sus raíces en Cuba. Entre los iniciados existe un gran respeto por las casas de santo más antiguas de Cuba, como lo fue la casa de Susana Cantero, la cual tenía fama de ser una casa de santo seria e importante.

Una casa de santo se origina cuando una persona iniciada en santería vive en ella. Los hombres iniciados reciben el nombre de *babalochas*, y las mujeres *iyalochas*, aunque en Puerto Rico y en otras islas del Caribe se les conoce con el nombre de santeros y santeras.

Muchos estudiosos tienden a llamarles *chamanes*, pero no es posible confundir a los santeros con la imagen de un chamán debido a que existen grandes diferencias entre los dos. Si bien los chamanes, al igual que los santeros, actúan como adivinos, curanderos, médiums, espiritistas y magos para otras personas a cambio de regalos, honorarios, prestigio y poder, existen otras características que los diferencian.

El chamán lleva un tipo de vida nómada más rural que urbana, y no lleva un calendario de culto. Los santeros no llevan ese tipo de vida, tienen un lugar específico para vivir (en una zona rural o en la ciudad) porque han aprendido cómo conseguir todo lo que necesitan en la naturaleza, independientemente del medio en que se encuentren.

Para los santeros es importante el calendario de culto. En África, el yoruba no tenía un día específico para adorar a sus deidades y quizás no seguía este tipo de calendario. En el Nuevo Mundo, el santero sí tiene un calendario de culto (el santoral católico). Por estas razones los santeros en el Nuevo Mundo no pueden ser definidos bajo el concepto de chamán.

El santero (a)

La santería está presidida por rangos, los cuales van, en el caso de los hombres, desde santero o babalocha hasta el cargo de babalawo. La mujer obtiene el título de santera o iyalocha, ya que no puede llegar a ser babalawo por los motivos que explicaré más adelante.

Para que alguien pueda obtener el título de santero(a) es necesario pasar por una serie de ceremonias pre-iniciáticas, las cuales lo van introduciendo al mundo religioso de la santería hasta la ceremonia de iniciación. Durante esta ceremonia, el iniciado recibe el secreto y el ashé (poder) de los orishas y pasan a ser conocedores de muchas ceremonias religiosas.

Es importante mencionar que no todos los que se introducen en estas creencias tienen que ir directamente a la iniciación. Algunos lo hacen de inmediato y otros se tardan años. Otros nunca llegan a pasar por ella. Esto dependerá de los resultados que obtenga la persona en la consulta de los registros de adivinación.

Después de un tiempo, los santeros en ocasiones pueden llegar a ser babalawos, pero sólo si así lo dictaminan los oráculos de adivinación. Los sistemas de adivinación sólo pueden ser utilizados por los santeros o babalawos, ya que durante la iniciación les entregan los objetos necesarios para poder trabajar con los mismos. Estos sistemas son primordiales en la santería, y es la forma más clara para comunicarse con sus deidades. Por tal razón todas las ceremonias están presididas por los oráculos. Los iniciados utilizan la adivinación en los momentos en que van a comenzar una ceremonia o cuando necesitan saber de qué manera pueden ayudar a una persona necesitada. Los santeros o babalawos también se consultan entre sí.

Obtener el título de santero significa que la persona ha pasado por la ceremonia de iniciación y ha llegado a formar parte de una clase sacerdotal.

Quienes inician en los secretos de un orisha toman el nombre de homo-orisha. Es deber del iniciado dedicarse a cuidar de esas deidades que le fueron entregadas durante la ceremonia de iniciación.

Convertirse en santero no depende de la condición social, profesional o raza. Sólo el oráculo determina si es necesario o no pasar por la ceremonia mayor. En Puerto Rico existen médicos, abogados, políticos y artistas que han pasado por la ceremonia de iniciación. También existen santeros que se dedican de tiempo completo a la religión por medio de consultas y ceremonias, y no tienen otra profesión.

Algunos se dedican a aprender a fondo sobre sus creencias religiosas por medio de las ceremonias donde sus mayores le enseñan por vía oral todo lo que necesitan saber para ser grandes maestros de la filosofía yoruba. Ellos poseen grandes conocimientos de las deidades, conocen las ceremonias, prohibiciones, rezos y los alimentos preferidos que se ofrecen en sacrificio y pueden llegar a formar parte de lo que se conoce como un oriaté.

Los santeros conocen los secretos de la magia y saben qué hacer para conseguir sus propósitos. También son osainistas (herbarios) conocedores de las plantas y dónde conseguirlas. El iniciado es un comunicador entre el hombre y su deidad tutelar, pues cuando es poseído por su deidad transmite el mensaje a los hombres.

Para ellos la magia es en esencia una fuerza neutral, con una capacidad para alterar las leyes naturales del hombre. Creen que pueden controlar los problemas terrenales con simplemente manipular, por medio de la magia y con la ayuda de los orishas, el destino de las personas. Tienen fe en que su magia funciona porque fue utilizada y enseñada en el pasado por sus ancestros.

Están capacitados para consultar a las personas por medio de la adivinación del diloggun (o caracoles) y para ayudar a quienes estén necesitados de algo material o paz en sus vidas. Creen en la comunicación con los orishas para pedirles que intercedan por los que necesitan de su ayuda.

Conocen las ofrendas que se necesitan para que los orishas ayuden a las personas. Es aquí donde radican los conocimientos del iniciado; en el saber qué hacer en los momentos difíciles para que las deidades los ayuden. La magia sólo puede ser aprendida por medio de sus mayores o a través de las ceremonias donde aprenden de manera visual y oral.

Algunos santeros en Puerto Rico —aunque, deberían ser todos—, utilizan pulseras o manillas en su mano izquierda, las cuales tienen como fin diferenciar cuál es su deidad tutelar. Esto sólo sucede cuando su orisha principal es una deidad femenina, a excepción de las hijas de Obatalá que, a pesar de tratarse de una deidad masculina, utiliza una manilla en plata. En el caso de que su deidad tutelar sea Oshún, las santeras se ponen cinco manillas de color oro, las de Yemayá se ponen siete de plata, y las de Oyá nueve de bronce. Cuando las santeras no tienen puestas sus manillas, las dejan sobre las soperas que corresponden a la deidad. En el caso de Obbá y Yewá, no utilizan manillas.

Además de estas manillas, la mujer lleva puesta una pulsera perteneciente a Orula, la cual recibe mediante una ceremonia pre-iniciática que realiza el babalawo.

Los santeros llevan puesta la pulsera de Orula, igual a la de las mujeres, en su muñeca izquierda. Tanto las mujeres como los hombres utilizan los collares durante todos sus ritos y ceremonias. Los santeros reciben los collares por medio de una "ceremonia de imposición de collares", que se explicará más adelante.

Entre las funciones y responsabilidades que tienen los santeros se encuentran las siguientes:

1) Actúan como intermediarios entre los hombres y los dioses. Los santeros son los mensajeros de los creyentes ante los orishas mediante la posesión y los oráculos de adivinación.

2) Los santeros consultan a sus clientes mediante el oráculo de adivinación. Esta función de adivinar corresponde principalmente a los babalawos por estar iniciados en

los secretos de Orúnmila, y conocen mucho más de adivinación que los santeros.

3) Los santeros tienen la obligación de enseñarle a sus discípulos todo lo relacionado a las creencias de la religión yoruba o santería. Son los encargados de preparar amuletos, resguardos y otras ceremonias, como la preparación de los collares. También actúan como médicos prescribiendo el uso de ciertas hierbas y raíces para curar ciertas enfermedades.

4) Están a cargo del culto de las deidades orishas a las que fueron consagrados. Son los responsables de cuidar las soperas donde se encuentra la energía o ashé de los orishas. Conducen los ritos y se encargan de que éstos se hagan siguiendo las normas ortodoxas. Un ejemplo de ello es el cargo religioso del oriaté, que está condicionado a normas estrictas y conlleva gran responsabilidad en el culto.

El oriaté

La palabra *oriaté* significa en lengua yoruba *cabeza sabia*. La palabra *orí* significa *cabeza* y *até, tablero de Ifá*. Simbólicamente, el até o tablero de Ifá representa el conocimiento y la sabiduría del mundo. El oriaté es un santero, pero se ha dedicado a estudiar a fondo la filosofía yoruba. Posee los grandes conocimientos de los orishas. Conoce las ceremonias, las prohibiciones, los rezos y las comidas favoritas de las deidades.

El oriaté es un autodidacta, se preocupa por aprender y ser a la vez un maestro en todo lo relacionado con la santería para poder llevar con dignidad tan importante título. La figura del oriaté es respetada entre los santeros, y aún más cuando son personas mayores que llevan muchos años de iniciados. Es visto como un santero mayor por los grandes conocimientos que posee de la religión.

Para ser un oriaté no es necesario pasar por ceremonias de iniciación diferentes por la que pasan los babalochas e iyalochas, pero sí es importante que haya obtenido la consagración de diversos orishas. Mientras el oriaté conozca más ceremonias relacionadas con las deidades, más conocimientos obtendrá. Su consagración a los secretos de diversas deidades le permite presidir diversas ceremonias de iniciación, como es el caso de Odduanla quien ha sido consagrado en los secretos de dieciocho deidades.

Todas estas ceremonias por las que ha pasado le han permitido conocer más acerca de los secretos de las deidades, y puede entrar a casi todas las ceremonias que se estén practicando en el cuarto de santo. Los orishas y hermanos de religión lo respetan y lo consideran como a un oriaté.

Los hombres y mujeres oriatés pueden sacrificar animales grandes en las ceremonias utilizando un cuchillo consagrado. Esta ceremonia se llama "el pinaldo" o "coger cuchillo". Es realizada por los santeros, o sea sólo los hombres, o las mujeres en caso de que cumplan con los requisitos para ser una oriaté que se explicarán más adelante.

En este momento el santero recibirá de manos de un santero que ya haya pasado por la ceremonia, un cuchillo consagrado con el cual podrá practicar los sacrificios de los animales de cuatro patas.

La presencia del oriaté es muy importante en la iniciación de los babalochas e iyalochas, ya que él es el que dirige todos los ritos del culto. Los amplios conocimientos que posee el oriaté sobre la santería, contribuyen a que pueda conducir las ceremonias religiosas con éxito. Se considera que el oriaté, a diferencia de los santeros, tiene el conocimiento suficiente para estimular y llamar a las fuerzas o energías de los orishas que van a participar en los rituales.

Además de poseer grandes conocimientos teológicos, también es un gran conocedor de los oráculos. Cuando está en su función de adivino, porta el nombre de italero, ya que es el único, después del babalawo, que puede llegar a dominar números altos en los oráculos de adivinación.

En santería también han existido mujeres oriaté, como lo fue una santera muy conocida llamada Ambiro Terán. Existen dos condiciones para que una santera pueda ser oriaté: que haya llegado a la menopausia y que no tenga marido.

La razón de la primera condición se debe a que según las creencias yorubas, cuando una mujer está en menstruación, está pasando por un periodo de eliminación de energía negativa y, por lo tanto, no ayuda a que se efectúen con éxito los ritos y ceremonias.

Los santeros creen que su sexualidad está marcada y que por tal razón una santera en menstruación no puede tocar nada que tenga que ver con sus objetos religiosos. Este tipo de prohibición se puede observar en diferentes sociedades primitivas en las que los hombres de las tribus pensaban que si una mujer tocaba los objetos sagrados del culto mientras estaba en menstruación, podía perder su poder.

La segunda prohibición se debe a que antes y durante las ceremonias el oriaté, al igual que los babalawos, tiene que guardar abstinencia sexual. La abstinencia es definida como una purificación física para poder estar "limpios" durante las ceremonias. Si la mujer hace parte de una sociedad patriarcal, como lo es en Puerto Rico, se le hace difícil poder cumplir con dicha prohibición y por lo tanto no se le permite ser oriaté. Pero es a discreción de su casa de santo si se lo permite, siempre y cuando esté casada legalmente y pueda respetar la abstinencia sexual.

Esta prohibición no fue un invento en el Nuevo Mundo. En África, los núcleos familiares tienden a ser patriarcales, y estas exigencias también pueden encontrarse allá.

El cargo de babalawo también está prohibido para las mujeres, y existen ceremonias donde la mujer no puede realizar por las condiciones antes expuestas.

Estas prohibiciones no existen solamente en santería. En las sociedades primitivas la mujer muchas veces enfrentaba tabúes que debía respetar. No es porque la mujer sea considerada inferior con respecto al sexo masculino, ya que en numerosas culturas la mujer goza de una alta consideración. Aún así, en muchas otras las mujeres han estado excluidas parcial o totalmente de ceremonias religiosas.

Una mujer por sí sola no puede realizar ceremonias iniciáticas, u alguna otra. Si lo hace, no sería válida ante los demás sacerdotes y sacerdotisas iniciados en santería.

Existen ceremonias donde hay que sacrificar animales utilizando un cuchillo, especialmente los de cuatro patas, y no pueden ser efectuadas por mujeres a menos que sea una oriaté y halla pasado por la ceremonia de pinaldo, antes explicada. En las ceremonias donde se ofrendan aves, sí pueden ser sacrificados por santeras, pero tienen que respetar las dos condiciones explicadas anteriormente.

Si una mujer es invitada a casa de un santero, o de un babalawo, es su deber preguntarle si está menstruando. En ese caso, el sacerdote o sacerdotisa debe pedirle que no se acerque a los objetos de culto, ni a las ceremonias que se estén presidiendo en ese momento. Los santeros dicen que los dioses de la creación castigaron a la mujer con la menstruación por una imprudencia que cometió. Esto se conoce como el Pecado Original, y por tanto, ella es pecadora y no digna de dirigir, por sí sola, las ceremonias religiosas.

En santería esta prohibición viene con un mito o appataki conocido como "Ogundá-Oché" (el que adelante me deja, atrás no me ve).

Este mito lo registré durante una entrevista a un oriaté:

"Olofi le había dicho a Ochosi que Obatalá sólo podía comer los animales que él cazaba, pero que esto se tenía que mantener en secreto. Ochosi, siguiendo las instrucciones de Olofi, iba, cazaba los animales y se los ofrecía a Obatalá. La madre de Ochosi, Yembo, el cual es un camino de Yemayá, quería saber dónde llevaba Ochosi los animales que cazaba. Así que decidió hacerle un hueco a la mochila de caza de éste y llenarla de cascarilla, para que al caminar Ochosi, le fuera marcando el camino a Yembo. Cuando Ochosi llegó con la caza a donde Obatalá, Olofi, quien lo ve todo, le preguntó: 'Hijo ¿quién más sabe de nuestro secreto?' Ochosi contestó: 'Padre usted me está faltando al respeto, nadie sabe de nuestro secreto'. Olofi dice: 'Sí hijo, hay otra persona'. Ochosi le dice a Olofi: 'Bueno, Padre, ya que usted no confía en mí, yo voy a lanzar esta flecha y que sea esa flecha quien cace al impostor'. Ochosi lanzó la flecha y se clavó en el corazón de Yembo, su madre, de donde brotó mucha sangre. Entonces Olofi le dijo a Yembo: 'Mujer, toda esa sangre que ves ahí también brotará de tu ser, te he castigado por tu curiosidad'".

De lo anterior se origina los mitos de la menstruación en la mujer yoruba, así como también la prohibición de acercarse a los objetos del culto o a las ceremonias religiosas durante ese estado.

En santería, las niñas y los niños pueden ser iniciados en el culto de los orishas y convertirse en sacerdotes y sacerdotisas. Las niñas tienen aún más derechos que las mujeres oriatés si aún no les ha llegado la menstruación, ya que para los babalawos y oriatés, son vistas como ángeles puros. Por tanto, pueden tocar todos los objetos del culto y aún los objetos sagrados del babalawo que están dedicados al culto de Ifá. Igual sucede con los varones.

Ahora, tan pronto como la niña tiene su primera menstruación, tendrá prohibiciones, igual que todas las demás sacerdotisas del culto.

El babalawo

Ser babalawo en Nigeria, así como en el Nuevo Mundo, significa obtener el rango más alto que pueda alcanzar un hombre en santería. Babalawo significa "padre de la adivinación". El individuo que obtiene este rango ha sido iniciado en los secretos de la deidad Orúnmila u Orula, quien posee todos los secretos de la adivinación.

Babalawo no es un cargo al que todo hombre pueda llegar. Esto dependerá del sistema de adivinación conocido como Ifá. Este oráculo puede determinar si un hombre puede ser babalawo, ya sea primero como santero o pasar directamente a la iniciación de los babalawos.

Las personas que van por primera vez a la casa de un santero (o de un babalawo), desconocen cual es la diferencia entre ambos rangos. La diferencia consiste en que el santero que no conozca bien el oráculo de adivinación, sólo puede ofrecer a sus clientes una consulta algo limitada. Esto ocurre porque en la iniciación no se le enseña al neófito a utilizar el oráculo. Él o ella tienen que aprender por sí mismos. Además, el sistema de adivinación de los santeros es más limitado que el de los babalawos, el cual es más complejo. A diferencia de los santeros, el babalawo aprende con los mayores a utilizar el oráculo y se esmeran en enseñarles.

El babalawo, al igual que los santeros, convierte su casa en un centro de culto. Si el babalawo está casado con una santera, la casa también será una casa de santo pues además de practicar ceremonias de babalawos, también se harán ceremonias de santeros, así como las iniciaciones para el cargo de santeros, santeras y babalawos.

El babalawo por su alta jerarquía posee ciertos privilegios en la religión:

1) El babalawo puede realizar la ceremonia conocida como "mano de Orula". Aquí se entrega a los santeros una pulsera de cuentas verdes y amarillas. Siempre la deben llevar puesta en su mano izquierda (mano del corazón) para su protección.

2) Es el único que puede estar presente en la ceremonia de iniciación de los otros babalawos.

3) Él es el propietario del tablero de Ifá y el opelé, y es el único autorizado a dar a un pueblo o país "la letra del año". Esta es una ceremonia donde los babalawos se reúnen, consultan sus instrumentos de adivinación y, según los resultados, pueden decir las cosas buenas o malas que pasarán durante todo un año en un país en específico, incluso en el mundo entero.

El babalawo debe ser una persona autodidacta, pues su cargo simboliza sabiduría y conocimiento. A pesar que sus mayores les enseñan la sabiduría del Ifá, es responsabilidad del babalawo memorizar todas las historias o odduns de este antiguo sistema de adivinación.

El Ifá se compone de una serie de fórmulas conocidas como odduns, los cuales son las "respuestas" que dan los orishas a los seres humanos en la Tierra. El babalawo posee dos instrumentos importantes para permitir la comunicación entre su cliente y los orishas. Uno es una especie de cadena conocida como opelé y el otro el tablero de Ifá. Ambos instrumentos son propiedad del babalawo y nadie que no sea él puede tocarlo.

Cada vez que el babalawo utiliza sus instrumentos de adivinación para una consulta, sale un odduns diferente. Existen dieciséis odduns principales, tras los cuales se esconden doscientos cincuenta y seis odduns subordinados hasta obtener un total de cuatro mil noventa y seis "respuestas". Mientras más odduns pueda conocer el babalawo, más beneficiosas serán sus consultas, además de que tendrá un mayor prestigio entre sus compañeros babalawos.

A diferencia de los santeros, los babalawos sólo pueden llevar un mensaje de parte de los orishas a los humanos por medio de los registros de adivinación. Un babalawo no puede caer en posesión por ninguna deidad. Los babalawos piensan que Orúnmila es tan grande y poderoso que si son poseídos por él les podría ocasionar la muerte. Tampoco pueden caer en posesión por espíritus, ya que es sinónimo de debilidad y Orula es una deidad poderosa.

El neófito o aleyo

Antes de explicar cada una de las ceremonias religiosas por las que debe pasar el neófito en santería, creo necesario aclarar la forma en que los creyentes comienzan a adentrarse en las ceremonias.

Para que una persona se convierta en un neófito de los cultos en santería, debe llegar a casa de un santero o babalawo. Normalmente sucede porque alguien le remitió a esa casa o porque sus padres son iniciados y lo envían a la casa de un santero de confianza. Los santeros afirman que los padres de una persona no pueden iniciar a sus hijos. Según ellos, los padres no pueden traer al mundo a sus hijos dos veces y, como la iniciación es un renacer, no sería lógico que un padre inicie a sus hijos en la religión.

Para saber si es su destino pasar por la ceremonia de iniciación, el interesado pide a un santero o babalawo que lo registre con los oráculos de la adivinación. Si el registro dice que sí, entonces es deber del sacerdote o sacerdotisa preguntarle a esa persona si quiere que él o ella sean sus guías espirituales o si desea buscar otra casa de santo de su preferencia. Si la persona acepta, entonces es deber de éste prepararlo para su iniciación.

Los guías espirituales toman el nombre de padrinos o madrinas de iniciación y la persona se convierte en un neófito o *aleyo* (sin ningún tipo de conocimiento del culto religioso, ni ha pasado por la ceremonia de iniciación). Después de la ceremonia, toma el nombre de aberikolá.

El iniciado deberá aprender de un santero todo lo relacionado a los orishas (historias y tradiciones que han conservado sus mayores durante años para mantener vivas las costumbres africanas). Los "mayores" no necesariamente se refieren a mayoría de edad. Un sacerdote de 20 años puede iniciar a una persona de 30 años. Mayores se refiere al número de años de iniciados en la religión.

Una vez que el aleyo decide cuál va a ser su casa de santo, es deber del padrino o madrina explicarle a su ahijado todos los pasos por los que debe pasar antes de llegar a la ceremonia de iniciación. Entre los santeros y los neófitos no puede existir otro tipo de relación que no sea de familiaridad. La casa de santo debe ser un lugar de respeto y hermandad, y se trata de evitar que existan relaciones amorosas entre los iniciados de la casa, ya que vendrían a ser "hermanos de iniciación". Si llegara a surgir una relación amorosa, sería entre dos iniciados de una misma casa de santo. El santero bendecirá esta unión y le pedirá a los orishas para que sea bendecida y aceptada ante los "ojos" de ellos.

En caso de que el aleyo sea un niño (a) y su padrino o madrina haya visto en los oráculos de adivinación que el menor tiene que pasar por alguna ceremonia, es responsabilidad del santero mantener abierto el diálogo con los padres del iniciado, ya que serán ellos los que den la última palabra.

Se supone que los niños pueden ser iniciados a partir de los 7 años, pero si los oráculos dicen que tienen que iniciarse a los tres años por cuestiones de vida o muerte, los padres podrían autorizarlo.

Una vez que el neófito comienza a pasar por ceremonias religiosas, debe saludar a su padrino o madrina y a los santeros mayores cada vez que asista a una casa de santo o esté presente en ceremonias religiosas. Es deber del padrino o la madrina enseñarle al neófito el saludo de los orishas. Cada vez que saluda a un santero mayor, estará saludando al orisha tutelar de la persona a la que está saludando. Lo mismo ocurre con los santeros porque tienen que saludar a sus mayores en todo momento con el siguiente saludo:

Cuando el padrino o madrina conoce el orisha tutelar del neófito, él ya puede hacer el saludo, así como también debe hacerlo frente a un santero mayor en señal de respeto. Si al neófito lo protege una deidad femenina, se acuesta sobre un costado en el suelo frente a la persona que va a saludar. Uno de sus codos toca el suelo y la otra mano va a la cintura. Luego lo hace sobre el otro lado. Si la deidad es masculina, se acuesta boca abajo estirada completamente sobre el suelo, con sus brazos pegados al cuerpo. Cuando termina el saludo, el santero toca suavemente los hombros de la persona diciendo unas palabras en lengua yoruba. Estas son palabras de bendiciones de parte del orisha tutelar de la persona a la que se ha saludado.

Después, el santero ayuda a la persona a levantarse del suelo y ambos cruzan sus brazos sobre su pecho y se tocan hombro con hombro de un lado y del otro.

El neófito no puede olvidar el mencionado saludo, ni tampoco la fecha en que se inició ese santero (su padrino o madrina), el cual tiene por nombre "cumpleaños de santo". Ese día el santero prepara en un lugar de la casa, una especie de trono con los objetos religiosos de su orisha tutelar, ofreciéndole a la deidad flores y sus alimentos preferidos. También coloca una canastilla para que los presentes y sus ahijados que tengan la facilidad, pongan un derecho monetario.

A la casa de santo asisten los ahijados y amigos del santero, así como sus amigos santeros y todos le hacen honor al orisha tutelar de la persona. Los santeros cocinan la comida para todos los presentes y los dulces preferidos de cada orisha. Además de servirlos a los invitados, ponen un poco de la comida y los dulces en un platito frente las soperas de cada orisha.

Antes de poner las ofrendas de comida a los orishas y de servir la comida a los presentes, es deber de los santeros poner un poco de los alimentos que van a servir en ese día a sus ancestros en algún lugar de la casa. Los ahijados también llevan un ofrecimiento a su padrino o madrina: dos cocos, dos velas blancas y un derecho monetario que va a depender de lo que la persona pueda ofrecer.

A continuación se explicará en detalle cada una de las ceremonias por las que tiene que pasar el neófito antes de convertirse en un yawó (comúnmente llamado al iniciado en santería durante el año que transcurre tras su iniciación hasta convertirse en santero).

Las ceremonias las realizan los santeros a sus ahijados siempre y cuando así lo determine el oráculo de adivinación y la persona tenga el dinero para costearlas. Su costo es alto debido a la gran cantidad de materiales, alimentos y animales que deben comprar los santeros para su realización. Mientras el neófito profundiza más en las ceremonias, más costosas serán las mismas.

Las ceremonias presentadas han sido expuestas cronológicamente en la forma en que el neófito debe ir adentrándose en los conocimientos de la santería. No todos pasarán por las ceremonias de esta misma forma. En casos extremos de vida o muerte, un neófito puede recibir la mano de orula primero, o pasar directamente a la ceremonia de iniciación. En estos casos, el padrino adelanta todas las ceremonias pre-iniciáticas de inmediato para pasar al neófito a la ceremonia de iniciación.

El mundo religioso de la santería

Uno de los elementos que caracterizan a la santería en el Nuevo Mundo es la cantidad de ceremonias que practican sus creyentes. Estas ceremonias pueden ser celebradas por sus adeptos por diversas razones: rendirle culto a los orishas o solicitar su ayuda para una persona que lo necesite, o para que los neófitos se adentren más en los secretos de esta religión y estén preparados para la ceremonia de iniciación.

Cabe señalar que no todos los creyentes en santería tienen que pasar por la ceremonia de iniciación. Existen ceremonias para que un individuo encuentre tranquilidad y fortaleza en su diario vivir sin pasar por la ceremonia de iniciación. Una de ellas se conoce como *rogación de cabeza*. Esta ceremonia suelen hacerla los santeros tanto a personas iniciadas como a no iniciadas en la religión. Normalmente se realiza a quienes sienten que su mente está agotada o sufren algún desequilibrio mental. La ceremonia dura poco tiempo y está presidida por la deidad Obatalá, quien tiene como poder el calmar las mentes de las personas.

Rogación de cabeza

El día antes de efectuar la ceremonia, el santero o el babalawo le informa a la persona que debe ir a su casa vistiendo ropa completamente blanca y que tiene que llevar dos cocos y dos velas para poder efectuar la ceremonia. Al día siguiente, el sacerdote abre los cocos por la mitad y, después de extraer la pulpa blanca, la raya, creando una pasta blanca, a la cual le añade un poco de manteca de cacao.

La cabeza de las personas es considerada un espacio sagrado en santería. En ella reside el orisha tutelar de cada persona. Por tal razón los santeros y los babalawos, antes de hacer cualquier rito sobre la cabeza del individuo, piden permiso al orisha tutelar de la persona. Luego proceden a explicar en voz alta la ceremonia que van a presidir y con qué fines lo están haciendo, para que los orishas sean sus "testigos".

De esta manera los creyentes entienden que han conseguido el debido consentimiento de los orishas para comenzar la ceremonia y que la misma será de gran provecho para quien la recibe.

Después de conseguir el permiso, el sacerdote sienta a la persona en una silla y se consulta el oráculo del coco para ver si todo esta bien. Luego se encienden las dos velas y se ponen en el suelo. El santero se acerca a la persona y le pone la pasta hecha a base de coco en la cabeza, la garganta, los antebrazos y en el empeine. Después de hacer unos rezos en lenguaje yoruba, le pone un pañuelo blanco en la cabeza y una vela encendida en cada mano. Se le pide a la persona que hable con Obatalá para que le de paz y tranquilidad en su vida.

Al terminar de hacer sus peticiones a la deidad, el sacerdote toma por ambas muñecas a la persona y la levanta moviendo sus brazos hacia arriba, hasta llegar a apagar las dos velas entre sí. Una vez concluida la ceremonia, se cree que la persona deberá sentirse tranquila y en paz.

Existen otras ceremonias que los santeros preparan para ayudar a sus clientes. Una de ellas es conocida con el nombre de "niche-osain". Es un resguardo entregado a quienes necesitan protegerse de la justicia. Está compuesto de un cuerno de venado envuelto con una tela azul simbolizando a la deidad Ochosi. Por dentro lleva unos secretos a los cuales no hemos podido acceder.

Al finalizar una ceremonia religiosa, es deber del santero explicar a su ahijado(a) las instrucciones que debe seguir para que funcione lo que se ha hecho, y las prohibiciones que debe respetar respecto a la ceremonia o los objetos sagrados que acaba de recibir. Seguir las normas de la religión fortalece la ayuda de los orishas al creyente durante su estancia en la Tierra.

En la mayoría de las ocasiones las prohibiciones consisten en que el creyente no puede tener objetos religiosos puestos durante el acto sexual, así como tampoco la mujer puede acercarse a los objetos del culto mientras esté en menstruación, prohibición ya explicada.

Para que una ceremonia o rito sea efectivo, es necesario que estén todos los elementos presentes. Además del elemento oral, los objetos, plantas y animales de cada orisha tienen que estar presentes para causar efecto, pues son un complemento para que la ceremonia esté completa y sea exitosa.

Ceremonias pre-iniciáticas

Antes de que un neófito pase por la "ceremonia de iniciación" o "ceremonia de asiento" (como también se le conoce), debe pasar por una serie de ceremonias que lo inducen lentamente hasta llegar a la iniciación. Cabe aclarar que los iniciados en santería nunca obligan a nadie a pasar por sus ceremonias religiosas. La decisión final la tiene el neófito.

Una vez que el neófito lleve tiempo asistiendo a la casa de santo de su predilección y haya sido consultado mediante el oráculo del diloggun por su padrino o madrina, el oráculo va advirtiéndole al neófito que ya debe pasar por ciertas ceremonias para su protección en la vida.

La primera ceremonia hecha normalmente es la de los collares.

Ceremonia de imposición de collares

Esta ceremonia conocida como "poner collares" es esencial para que un individuo pueda pasar por la ceremonia de iniciación. Los collares, que se conocen en África y el Nuevo Mundo como *elekes* o *iñales*, representan la esencia y la energía de los orishas. Sólo pueden ser consagrados y entregados por santeros, ya que sólo ellos tienen el ashé para energizarlos. Los santeros preparan los collares dentro de las soperas que contienen los fundamentos sagrados de los orishas, los cuales les fueron entregados a los santeros durante su iniciación. Según los santeros, los collares se entregan para que el neófito reciba la protección y estabilidad de los orishas.

El santero entrega al creyente cinco collares que representan, según sus colores, a los cinco orishas principales: Elegguá, Obatalá, Yemayá, Changó y Oshún. Existen otros collares que los santeros pueden dar a los neófitos, pero eso dependerá del orisha tutelar que protege a la persona. Si la persona es hijo (a) de Oyá, debe recibir los cinco collares, más el de la deidad Oyá.

La ceremonia puede variar dependiendo de los orishas que rigen a la persona. Los santeros en algunos casos suelen llevar primero a la persona a un babalawo para que con el oráculo de adivinación indique cuál es su orisha tutelar. También se hace para evitar la relación entre "santos con prohibición". Estas prohibiciones entre unos orishas y otros existen también entre los hijos e hijas de Oyá y Yemayá y entre los de Changó y Oshún.

Ésta prohibición ritual es muy respetada por los creyentes. Creen que de lo contrario, puede traerles problemas serios que van desde la ruina económica hasta enfermedades mentales. Un santero que tenga como orisha tutelar a la deidad Oyá, y tenga cierto grado de responsabilidad, debe eximirse de realizar cualquier tipo de ceremonia a los hijos de Yemayá. Igualmente, un santero iniciado en los secretos de Yemayá no puede hacer ningún tipo de ritual a los hijos de Oyá. Incluso las soperas de Oyá y Yemayá no pueden estar juntas en la casa de los santeros. Lo mismo sucede con los santeros que hayan sido iniciados en los secretos de las deidades Oshún y Changó.

Para recibir los collares de los orishas es preciso que las deidades se hayan "manifestado" por medio del oráculo de adivinación. Allí la deidad define si la persona necesita los collares por diferentes razones: para mejorar su salud, por protección o porque está en el destino de las personas pasar por la ceremonia de iniciación. Cualquiera que sea el caso, la persona debe seleccionar a un santero responsable con la cual se va a unir espiritualmente bajo el vínculo de padrino o madrina. Los orishas son intermediarios en esta unión.

Para realizar esta ceremonia se necesita omiero, el elixir sagrado de los yorubas, compuesto de una diversidad de plantas e ingredientes. El día antes de la ceremonia, el padrino o madrina le entrega al neófito un poco de omiero para que se bañe con él. Mientras, el padrino o madrina prepara el cuarto de santo donde se encuentran las soperas de cada uno de los orishas.

Antiguamente, los yorubas usaban cuentas hechas en madera pintadas con extractos vegetales. Eso facilitó su preparación en el Nuevo Mundo. Hoy en día son preparados por los santeros con cuentas de cristal y son fáciles de conseguir. También se encuentran en cualquier sitio de venta de objetos religiosos africanos (botánicas). Los collares normalmente son preparados por la madrina o el padrino del neófito, pero en caso de emergencia pueden ser comprados.

Los collares deben ponerse dentro de la sopera donde habita la deidad que los representa. El santero pone un poco de omiero dentro de la sopera de cada orisha y deja allí los collares por 24 horas para que "coman" o se energicen con el ashé de los orishas.

El día de la ceremonia, el neófito debe traer ropa blanca para vestirla y tirar la ropa vieja que traía puesta, simbolizando el comienzo de una nueva vida. Antes de la imposición de collares, el padrino o la madrina lleva a cabo la ceremonia de rogación de cabeza al neófito. La ceremonia tiene como finalidad el preparar y armonizar los planos físico, mental y espiritual del neófito para que el encuentro con los orishas sea óptimo. Durante la ceremonia, los santeros preguntan a los orishas y a los egguns a través del oráculo de adivinación si están conformes con lo que se está haciendo y si el neófito está preparado para recibir los collares.

Si las respuestas del oráculo son afirmativas, entonces el padrino o la madrina procede a la ceremonia final, en donde se emiten cantos y rezos en dialecto yoruba mientras se van colocando al aleyo los collares, uno por uno, y en ese momento pasa a ser un aberikolá.

Al finalizar, el padrino o la madrina, junto con un santero de su confianza que los ayuda durante las ceremonias (conocido como oyugbona), explican las reglas y prohibiciones que debe respetar el neófito. Le informan qué debe o no hacer con los collares, además del significado del compromiso de respeto que debe tener hacia los santeros y hacia la religión.

Los collares de los orishas son un fundamento sagrado de la religión yoruba, los cuales son respetados por sus adeptos, tanto al momento de recibirlos como en su uso cotidiano. Los yorubas usaban los collares a la vista de todo el mundo, como un adorno característico de su cultura, pero en realidad el verdadero sentido de su uso era el tener siempre consigo la poderosa energía de los orishas.

Muchas personas hoy en día los llevan puestos en todo momento. Otras no lo hacen, pues muchas veces tienen miedo de ser rechazados debido a que la religión es vista por muchos como un tabú. Esto es debido al gran desconocimiento que existe en Puerto Rico respecto a las prácticas de santería.

Entre las prohibiciones que tiene el neófito una vez que recibe los collares, están: no dejarlos puestos para bañarse, pues supuestamente pierden la energía de los orishas al entrar en contacto con el agua y sólo se energizan nuevamente con agua de coco. Ni el neófito, ni el santero pueden llevarlos puestos durante el acto sexual. Si el neófito es mujer, no puede llevarlos puestos durante la menstruación, ya que le quitaría la energía a los mismos. Solamente se los puede dejar puestos durante la menstruación en caso de que esté enferma.

No pueden ser tocados por otra persona que no sea su propio dueño, ya que según los creyentes la energía de las demás personas quitaría su fuerza o ashé.

El siguiente es un cuadro explicativo de cómo son los collares en santería. Son sencillos para cada deidad, pero dependiendo de los caminos los mismos pueden cambiar.

Ceremonia de entrega de "los guerreros"

Una vez que la persona ha recibido los collares, la siguiente ceremonia es la entrega de "los guerreros". Allí se realiza la matanza de ciertos animales. La mujer no puede llevar a cabo esta acción, por lo tanto, si es un santero, él mismo preparará la ceremonia. Si es una santera, debe ir a casa de un santero de confianza para que la prepare.

Muchos santeros piensan que es recomendable que se lleve al neófito a la casa de un babalawo, ya que es allí donde se va a confirmar con la deidad Orula por medio de oráculos de adivinación.

Algunos babalawos hacen entrega de la representación de la deidad Elegguá-Eshu al neófito. Esto último es a discreción de los santeros, ya que las casas de santo son autónomas en sus decisiones.

En esta ceremonia son consagradas deidades que simbolizan la fortaleza y el sustento de la persona que las recibe. Estos orishas son considerados como deidades muy poderosas y guerreras.

Uno de los orishas que le entregan al neófito es Elegguá, que representa el destino de las personas que lo reciben. Los santeros dicen que es hecho para que todo lo bueno que Olofi tiene pensado para esa persona le llegue sin obstáculos, incluyendo el aspecto económico.

Collares en Santería

Orisha	Elementos de su collar o sus collares
Oddúa	1. 16 cuentas blancas, 8 cuentas rojas, 8 cuentas de nácar y 8 cuentas de coral intercaladas en esta misma secuencia. 2. 8 cuentas blancas, 8 cuentas de nácar y una en marfil, intercaladas en esta secuencia. 3. Un collar completamente en marfil. 4. 8 cuentas de nácar, una cuenta de coral y una en marfil, intercaladas en secuencia.
Obatalá	1. Un collar de cuentas completamente blancas. 2. 24 cuentas blancas (sus collares se componen de 8 cuentas o sus múltiplos) y una cuenta roja intercalada cada 24 cuentas blancas.
Orula	Cuentas amarillas y verdes intercaladas al igual que su pulsera.
Elegguá	Cuentas rojas y negras intercaladas, también existe con semillas de peonía (*paeonia broteroi*).
Yemayá	7 cuentas azul marino, una cuenta en cristal, una cuenta azul marino y 7 cuentas en cristal, intercaladas en la misma secuencia.

Changó	Cuentas blancas y rojas intercaladas.
Oshún	20 cuentas amarillas y 5 cuentas rojas, intercaladas en la misma secuencia.
Oyá	9 cuentas color marrón, las cuales tienen líneas en color negro y blanco. A cada secuencia de 9 le ponen una gloria de color rojo.
Oggún	Cuentas verdes y negras intercaladas.
Ochosi	No lleva una secuencia en sus líneas de cuentas. Se compone de cuentas color azul oscuro, ámbar, verdes, una gloria negra y otra roja. El final del collar se divide en dos partes finalizadas con un caracol a ambos lados. Esta dualidad recuerda su número representativo: el 2.
Babalú-Ayé	1. Un collar completo de cuentas blancas con una línea azul en cada cuenta. 2. Un collar completo de cuentas negras. 3. 34 cuentas negras (se componen de 17 cuentas o sus múltiplos), cada secuencia de 34 cuentas negras lleva un caracol. 4. 17 cuentas rojas, 7 cuentas blancas con líneas rojas, una cuenta negra, una gloria roja, una cuenta negra y un caracol, siguiendo esta secuencia todo el tiempo.
Orisha-Oko	5 cuentas de color marrón, 6 de color amarillo, una gloria de color naranja pálido, siguiendo la secuencia todo el tiempo.

Collares en Santería (continuación)

Orisha	Elementos de su collar o sus collares
Obba	7 cuentas color rosa, 7 negras, una de color naranja, una gloria de color negro, una naranja, una gloria roja y una cuenta de color naranja, siguiendo la secuencia todo el tiempo.
Yewá	16 cuentas color rosa (múltiplos de 8 por su padre Oddúa), 4 cuentas de color negro, una de color rosa y una azabache, siguiendo la secuencia todo el tiempo.
Aggayú-Solá	11 cuentas color marrón, 11 de color blanco opaco, una gloria roja, una de color verde y una de color amarillo, siguiendo la secuencia todo el tiempo y alternando una gloria color naranja pálido por una gloria roja en cada secuencia.

Los otros orishas entregados en la ceremonia son:

Oggún. Simboliza todos los objetos hechos de metal, previene a la persona de accidentes de tráfico y de problemas con la justicia, como la cárcel.

Ochosi. Simboliza el sustento diario. Es la deidad de los cazadores.

Ozun. Representa la vida del iniciado y "previene" a su dueño de cualquier peligro.

Elegguá sólo puede ser entregado por un santero o babalawo. Existen diversas representaciones de esta deidad, y hay quienes la fabrican de cemento, de piedra o de coral. En su parte delantera tiene caracoles que forman los ojos, la nariz y la boca. Los fundamentos que lleva dentro esa piedra van a depender del oráculo de adivinación y de la deidad tutelar del creyente que la está recibiendo.

Una vez que la persona recibe la ceremonia, coloca a su Elegguá detrás de la puerta de entrada de su casa para estar protegida de todas las personas que entren con malas intenciones. El Elegguá-Eshu debe ir afuera de la casa, en el balcón o en el patio del creyente.

El Elegguá-Eshu que prepara el babalawo es diferente al que prepara el santero, el cual es un camino de la deidad Elegguá que tiene como función cuidar del mal y la muerte a la persona que lo recibe. Los santeros deben tener en su casa tanto a Elegguá, como a Elegguá-Eshu, porque ambos forman el equilibrio de las fuerzas del bien y del mal.

Entre las prohibiciones que le advierten al neófito al recibir a "los guerreros" se destacan que nadie, a no ser el dueño, puede tocar los objetos de estas deidades. Si la mujer está en menstruación, no puede trabajar con estas deidades de ninguna forma, ni hacerles ofrendas.

La importancia de recibir el Ildé-Fá

Antes de pasar por la iniciación, el neófito debe pasar por la ceremonia de Ildé-Fá. El santero debe llevar a su ahijado a la casa de un babalawo de confianza para que éste le ponga una pulsera de cuentas verdes y amarillas que recibe el mismo nombre del rito. Esta ceremonia sólo puede ser dirigida por el babalawo, ya que la pulsera pertenece a la deidad Orula, orisha tutelar de todos los babalawos.

En una ocasión tuve la oportunidad de presenciar cómo un babalawo efectuaba esta ceremonia en su casa en la ciudad de Bayamón, Puerto Rico. Lo primero que hizo fue darle de "comer" un pollo a Elegguá-Eshu, porque el neófito también iba a recibir esa deidad.

Elegguá "come" primero en cualquier ceremonia. El babalawo inició sacrificándole un pollo. Al hacer el sacrificio, dijo unas palabras en lengua yoruba y dejó derramar la sangre del animal sobre la piedra donde se encuentra el fundamento o secreto de Elegguá.

Al terminar, procedió a la ceremonia de entrega del Ilde-Fá, la cual duró sólo unos minutos. El babalawo pidió a los presentes que nos arrodilláramos, ya que le iba a dar de "comer" a Orula. En ese momento, abrió una vasija hecha en madera y comenzó a rezar o a moyugbar en lengua yoruba. Mientras el neófito permanecía arrodillado frente a la vasija donde estaban los secretos de Orula, el babalawo continuó rezando a la vez que sacaba un gallo de un bolso para proceder a pasarlo por el cuerpo del neófito. Luego ofreció la sangre del animal como sacrificio a la deidad.

El babalawo dejó caer la sangre del animal dentro de la vasija, luego sacó otro gallo e hizo lo mismo. Cada vez que practicaba el sacrificio a Orula, ponía el animal al lado de la vasija y decía: "toma Orula come". El creyente está convencido de que durante los sacrificios la deidad se encuentra presente disfrutando de su ofrenda.

Mientras el babalawo practicaba el sacrificio, pasaba un poco de la sangre del animal sobre la parte superior de la cabeza del neófito. Cuando pregunté por qué hacía eso, me dijo lo siguiente: "Para que el espíritu que vive en la cabeza del neófito, llamado Orí, tenga conocimiento de la ceremonia que se está realizando. También le di conocimiento al espíritu que vive dentro de cada persona llamada Emi, esto lo hicimos dándole de comer pimienta al neófito".

Según Robert H. Lowie (1976), en muchas regiones existe la creencia de que el individuo posee dos o más almas y están localizadas, por lo general, en las diferentes partes del cuerpo. Los yorubas también tienen esta creencia: "el alma que reside en la cabeza tiene por nombre Orí y la que reside en el cuerpo le llaman Emi".

Unos treinta minutos después, el babalawo sacó la pulsera de cuentas verdes y amarillas de la vasija donde se había efectuado el sacrificio y se la puso al neófito en su mano izquierda, por ser considerada por los creyentes la mano del corazón.

Tras esta ceremonia, la esposa del babalawo, conocida como Akpetebí o servidora de Orula, que la mayoría de las veces es una santera o iyalocha, se encargó de limpiar los animales sacrificados y se los entregó al ahijado del babalawo para que los consumiera. Los santeros no desaprovechan los animales que sacrifican, ya que siempre los cocinan y los comparten con sus familiares o invitados.

Al final de la ceremonia, el babalawo advirtió al creyente de que nadie que no fuera él le podía tocar la pulsera y que nunca se la debía quitar.

Para explicar la importancia de esta pulsera, los babalawos me han contado el appatakie que cito a continuación en una forma resumida:

"Orúnmila hizo un pacto con la muerte, ya que ésta era muy poderosa. Una vez la Icú perdió su bastón (el bastón es el Ozun del babalawo) que le daba poder para llevarse a las personas cuando ella quisiera y no cuando Olofi lo decidiera. Orúnmila le dijo a la Icú que, si quería tener su bastón nuevamente, él le ayudaría ya que él tenía uno igual. A cambio, ella tendría que respetar a toda persona que tuviera su pulsera de cuentas verdes y amarillas puesta. Fue así como surgió la historia que cuenta que la Icú no puede llevarse a nadie que tenga la pulsera de Orula puesta, ya que sólo Orúnmila, con el permiso de Olofi, es quien decide a quién se puede llevar la muerte".

Por tal razón, los creyentes no se quitan nunca su pulsera de Orula, ni aún durante el acto sexual, ya que piensan que si lo hacen, estarían expuestos a que la muerte se los lleve. Inclusive, si tuviera que pasar por una operación quirúrgica, no debe ser removida, en todo caso debería vendarse.

El neófito también recibe el Ildé-Fá para sentirse protegido de alguna influencia negativa que pueda llegar por parte de sus enemigos o del ambiente. Dicen los santeros que cuando el Ildé-Fá "recoge" algo negativo del ambiente, la pulsera se rompe inmediatamente para que no afecte a la persona que la lleva puesta. Si esto sucediese, el neófito debe volver lo antes posible al babalawo que se la puso para que arregle la pulsera.

Ceremonia de iniciación

La iniciación o "ceremonia de asiento" es un rito de gran importancia en la religión de los yorubas. Es mediante esta ceremonia que el creyente recibe los secretos de los orishas y la protección de los mismos. Para llegar a este momento es necesario que el neófito haya pasado por las ceremonias antes mencionadas y estar preparado para recibir los secretos y poderes de las deidades del panteón.

La ceremonia de iniciación dura siete días para los santeros. Para el neófito dura un poco más porque después de la iniciación, las observaciones y prohibiciones más estrictas de cualquier ceremonia religiosa, se encuentran durante su yaworage.

En santería, *yaworage* es el año donde el iniciado debe cuidarse de ir a ciertos lugares o comer algunos alimentos. El iniciado es visto como un niño que acaba de nacer en su nueva vida de religión y es tratado como tal.

Siempre que se va a celebrar una ceremonia de iniciación, debe estar presente el padrino del neófito y un grupo de santeros que serán testigos de la ceremonia. Los santeros presentes deben ser personas respetables conocedores de la religión y que se hayan esmerado en la organización de los rituales a realizarse.

Para efectuar la ceremonia de iniciación, los santeros deben consultar los oráculos de adivinación porque éstos tienen que dar el permiso para tan importante ceremonia. El padrino o la madrina le dan al neófito las indicaciones que debe seguir hasta llegar el día de la iniciación. Los santeros y el neófito deben entrar en una etapa de purificación en donde lo más importante es la abstinencia sexual.

En el caso de las mujeres, tanto la santera como la principiante, deben tener muy en cuenta el periodo menstrual, ya que no deben estar pasando por este proceso biológico. Entre otras cosas, el padrino o la madrina le pide al neófito que traiga ropa completamente blanca y sin estrenar para todos los días. En esta ocasión, la ropa simboliza la influencia de Obatalá en la vida diaria del iniciado. También le pide que consiga platos con los diferentes colores de los orishas, pues será en esos platos donde los santeros prepararán las ofrendas para los orishas que recibirá el neófito.

La ceremonia comienza por la separación del neófito de su familia, para encontrarse rodeado de la naturaleza y en contacto directo con lo sagrado: sus deidades. Durante la semana de iniciación, deberá dormir en el suelo sobre una estera en casa de su padrino o madrina, en un cuarto llamado cuarto de santo, donde se encuentran todos los objetos sagrados de las deidades que su padrino o madrina recibió cuando se inició.

La siguiente ceremonia es una recopilación de varias entrevistas realizadas a diferentes santeros y santeras en Puerto Rico. La información varía entre un informante y otro. Creo que es debido a la autonomía que existe entre las casas de santo, o porque los santeros en ocasiones no explican claramente las ceremonias y muchas veces no quieren hablar directamente del tema. Los santeros afirman que durante la ceremonia de iniciación, les hacen jurar que no contarán nada a nadie de lo que vieron o escucharon allí.

El día antes de la iniciación, el neófito es llevado al río por la oyugbona. Es allí donde comienza su renacer en la religión; es donde deja de ser un neófito y pasa a ser un yawó. Mientras está el yawó en el río, su oyugbona lo despoja de su ropa vieja. Este acto simboliza que el yawó está dejando atrás la vida profana que ha llevado.

Una vez que el yawó es sacado del río, su oyugbona lo viste con ropa nueva, que simboliza la vida nueva del neófito. El río simboliza que éste rompa con su pasado y pase por un proceso de purificación antes de entrar al cuarto de santo, el cual es un espacio sagrado.

La inmersión de las aguas simboliza la muerte como el renacer. En la ceremonia del río, el yawó muere para luego renacer en un hombre nuevo. Es un "recién nacido". Durante su aprendizaje, aprende los secretos sagrados, los mitos que conciernen a los dioses y al origen del mundo y el origen de los instrumentos rituales. Durante la ceremonia, el yawó imita en todo momento el proceso de muerte y resurrección que sus deidades hicieron en algún momento durante su vida en la Tierra, al igual que el ciclo lunar.

El yoruba comparte esta filosofía. Se piensa que los primeros orishas que vinieron a habitar la Tierra brotaron del vientre de Yemayá, deidad dueña del mar y patrona de la maternidad.

Al terminar la ceremonia, el yawó va a casa de su padrino o madrina para hacer otra ceremonia conocida como el ebbo de entrada. Allí el yawó es llevado al cuarto de santo donde se hacen todas las ceremonias durante la iniciación. Su padrino o madrina lo sienta sobre una especie de mortero (pilón) grande hecho en madera conocido como oldón. Luego se coloca sobre una estera y debe tener la misma medida que la distancia entre los pies y la cadera del neófito para que se pueda sentar cómodamente.

Una vez que neófito se sienta sobre el oldón, le hacen una ceremonia llamada rogación de cabeza. En esta ocasión se sacrifican dos palomas a los pies del neófito. En caso de que el orisha tutelar del yawó sea Obatalá, entonces éstos no hacen rogación, sino que sacrifican una paloma a los pies del yawó.

De aquí en adelante, el yawó es tratado como un niño que acaba de nacer. La oyugbana es la encargada de bañar y vestir al yawó y de darle la comida con una cuchara. Ambos deben estar sentados sobre una estera en el suelo.

Estas creencias se pueden encontrar en otros lugares de África occidental, como por ejemplo en los lobis, donde los novicios son tratados como a niños, les ponen nuevos nombres y les hacen simular una completa ignorancia. Los muchachos derraman sus alimentos en las orejas y son incapaces de hablar bien.

Primer día de iniciación

Antes de comenzar con la ceremonia, el santero prepara el omiero, o "elixir sagrado" de la religión. Se puede comparar con el agua bendita de la doctrina católica, ya que su propósito principal es el de purificar. Es preparado con hierbas y otros ingredientes y es utilizado para limpiar las piedras y caracoles que son el secreto o fundamento de las deidades yorubas. Luego lo dan a beber al yawó durante los días de iniciación. La oyugbona utiliza este líquido para bañarlo cada día.

A cada deidad le pertenecen ciertas hierbas y para que el omiero sea de provecho, debe estar preparado con al menos veintiuna hierbas en total.

Los santeros en Puerto Rico se dan a la tarea de ir al monte, el río o el mar a buscar todas estas hierbas y a cambio dejan un derecho monetario a Osain, que es la deidad que habita entre las plantas. El derecho varía dependiendo de la deidad a la que le pertenezcan las hierbas.

Una vez recolectadas, se dividen entre las que pertenezcan a cada deidad y se colocan en grupos. El oriaté será el maestro de ceremonia de la iniciación. Deberá cantar y rezar a cada uno de los grupos de plantas dependiendo a qué deidad pertenecen, mientras los santeros las van desmenuzando y las ponen dentro de un recipiente con agua.

Cuando los recipientes con las hierbas están listos, los santeros proceden a limpiar, con las respectivas hierbas que le corresponden, los fundamentos de cada orisha que le serán entregados al yawó. Una vez terminada esta ceremonia, todos los recipientes que contienen las hierbas con el agua se unen en un solo recipiente y luego le añaden, entre otras cosas: agua de río, ron, miel, melao, manteca de corojo, manteca de cacao, cascarilla, pimienta y peonía. El agua del omiero se torna color miel, su olor es fuerte y difícil de definir.

Los santeros siempre guardan omiero en sus casas, ya sea el que sobró de su iniciación o el que recogen de las ceremonias a las que asisten. Este omiero es necesario en la preparación de los collares o para cualquier otro uso religioso que el santero le quiera dar.

Para conocer bien sobre las plantas que lleva el omiero y dónde encontrarlas hace falta un osainista, quien es considerado como el herbolario de la religión.

Una vez que se termina el omiero, el yawó se coloca de pie frente a la puerta del cuarto de santo tapado completamente con una sábana blanca, y comienza a tocar la puerta nombrando cada uno de los orishas que viene a recibir en la iniciación. La función de la sábana es la de rememorar el rito en el cual Obatalá esculpió al ser humano en el útero de la mujer y lo envolvió, protegiéndolo con su fuerza vital en un saco blanco.

Después de que el yawó está dentro del cuarto de santo, la oyugbona le rompe la ropa y lo baña al desnudo con el agua de omiero. En caso de que sea un hombre, al yawó lo baña un santero. En el caso de las mujeres, sucede a la inversa. Después de este baño de purificación, el yawó es llevado a su trono. El trono es un espacio sagrado dentro del cuarto de santo, el cual es preparado con telas y otros elementos que representen a la deidad tutelar del yawó. En el trono se encuentra el asiento del yawó llamado oldón.

Una vez terminada la ceremonia del ebbo de entrada, y la rogación de cabeza, se prepara al yawó para la "ceremonia del pelado". En esta ceremonia le hacen una trencita en el cabello y luego proceden a cortársela con una tijera nueva que el yawó debe llevar a la ceremonia, así como también una navaja. Después de cortar la trenza, el oriaté procede a afeitarle la cabeza. Por tal razón la ceremonia lleva el nombre antes mencionado.

Cuando está preparada la cabeza del yawó, el oriaté vuelve a hacerle una rogación de cabeza. Al terminar se prepara una ceremonia llamada osun-lerí, en la cual el oriaté pinta la cabeza del yawó haciendo círculos con los colores básicos de los orishas en este orden: blanco, rojo, azul y amarillo (Obatalá, Changó, Yemayá y Oshún). Los santeros presentes estampan su "firma" en la cabeza del yawó por medio del color y el número correspondiente a su orisha tutelar.

Los santeros iniciados en los secretos de Obatalá estampan su "firma" haciendo ocho círculos de color blanco, por ser el número y el color que corresponde a esa deidad.

Terminado este acto, comienza la "ceremonia del ashé" o "ashé de santo" donde todos los santeros presentes van a donde el yawó a ponerle su ashé en la cabeza. Esto lo hacen con una pasta que preparan con las hierbas que sobraron de la preparación del omiero y otros ingredientes secretos.

Ya se mencionó que los yorubas creen que el individuo posee dos o más almas, y que las mismas están localizadas en la cabeza y el estómago del neófito. La de la cabeza se denomina Orí y a la que reside en el cuerpo la llaman Emi. Por tal razón, en la iniciación, los santeros le hacen al yawó un pequeño corte en la cabeza donde luego ponen un poco de la sustancia secreta conocida como ashé.

Este es el propósito de los santeros en las ceremonias del primer día de iniciación: "notificar" a Orí lo que se está haciendo y así preparar al principiante para ser un futuro babalocha o iyalocha. A Emi, lo "despiertan" mediante el omiero que le dan a ingerir al yawó diariamente.

Durante ese día los santeros sacrifican animales a cada una de las deidades que el yawó va a recibir. Los sacrificios se hacen sobre los secretos de los orishas para que se impregnen del ashé de los animales. De los animales de cuatro patas se extraen unos huesos que contienen el ashé del animal. Los huesos se unen en forma de cruz y se entizan con los colores de cada una de las deidades, luego se ponen dentro de las bolsitas que corresponden según el color de la deidad. En las bolsitas también van los 18 caracoles de cada deidad, excepto la bolsita de Eleggua, que lleva los huesos entizados, 21 caracoles, y el hueso de la rodilla de un chivo.

Las bolsitas son guardadas por los santeros cerca de donde duermen, por cualquier emergencia que surgiera en su casa, y siempre deben viajar con las mismas. Las bolsitas contienen los verdaderos secretos de los orishas, y es la única evidencia que tienen los santeros para poder probar que han pasado por la ceremonia de iniciación.

El momento más importante durante el primer día de iniciación es la "parada", cuando el yawó cae en posesión de su deidad tutelar. Dicen los santeros que la posesión es tan fuerte que el orisha tira literalmente el yawó al suelo. Aquí su padrino o madrina presenta a la cabeza del yawó las diferentes soperas donde residen los secretos de los orishas, las cuales le serán entregadas cuando finalice la iniciación.

Durante la posesión, la oyugbona sostiene la sopera del orisha tutelar del yawó para que éste reciba el ashé de su deidad y pueda hablar. El ashé se obtiene haciéndole al yawó una cruz en la lengua con una aguja pequeña e introduciéndole en la boca miel de abeja, tres granos de pimienta, una pizca de pescado ahumado y de jutía.

También lo hacen colocando una guinea viva para que le pique la lengua. Una vez que la persona regrese en sí, la guinea debe ser cocinada e ingerida ella misma.

Al finalizar las matanzas y luego de haber puesto el ashé de los animales a las soperas de los orishas, el yawó se retira a descansar, mientras su oyugbona se encarga de todos los preparativos para el siguiente día llamado el "día del medio".

Segundo día o "día del medio"

El segundo día de iniciación está dedicado a celebrar una fiesta llamada el "día del medio", donde los familiares y amigos del yawó, creyentes o no, van a visitarlo. En este día los santeros preparan la comida para los invitados con los animales que se sacrificaron durante las ceremonias del día anterior. La oyugbona, antes del almuerzo, viste al yawó con un traje del color del orisha tutelar de la persona; si es Oshún, el traje es de color amarillo.

El almuerzo no es sólo un acto donde el yawó come rodeado de sus invitados. Tampoco es un acto fisiológico. Es un "acto religioso", donde los creyentes comen las creaciones de Olofí, como lo hicieron los orishas en el pasado.

Al terminar el almuerzo, la oyugbona cambia de ropa al yawó y le pone un traje de gala del color de su orisha, el cual simboliza la encarnación del orisha en el yawó, y lo lleva a su trono. En ese momento el yawó es un rey o reina representando su deidad tutelar aquí en la Tierra. Le ponen una corona del color que representa a su orisha. Si la deidad es Oshún, la corona es de color oro. Este trono es un recinto sagrado donde se hace posible la comunicación con los dioses u orishas.

El padrino o la madrina del yawó contrata tamboreros santeros que sepan tocarle y cantarle a los orishas. Durante los cantos y toques de tambor, los santeros bailan frente a los tambores y cantan a sus deidades. Puede suceder que algún santero presente caiga en posesión de su orisha tutelar, convirtiéndose en ese momento en el mensajero de su deidad aquí en la Tierra.

La fiesta debe durar hasta las seis de la tarde. Es posible que la costumbre haya nacido de las normas de los esclavos en las haciendas azucareras, donde los domingos sólo les permitían recrearse con los tambores hasta esa hora. Los santeros afirman que no es recomendable hacer fiestas a los orishas después de esa hora, porque las personas pueden caer en posesión por espíritus y no por deidades.

Tercer día o "día de Itá"

El tercer día de iniciación está dedicado a una ceremonia llamada Itá o "lectura del porvenir".

La oyugbona baña al yawó temprano en la mañana con omiero y le da el desayuno de todos los días, en su mayoría omiero. Allí se encuentra el ashé de los orishas. Es el elixir sagrado de la religión, y de aquí su importancia.

El comportamiento de acercarse o asemejarse a lo sagrado es una creencia observada en otras culturas. Es una necesidad de revivir el pasado cuando los dioses habitaban la Tierra. Cuando yawó es tocado por el omiero, ya hace parte de lo sacro. El ritual del baño es una forma de encontrarse en comunión con su deidad tutelar.

Durante la mañana llega a la casa del padrino o la madrina del yawó un santero experto en el oráculo del diloggun, llamado oriaté, y también debe ser un oriaté, quien realizará una consulta profunda al yawó por medio del oráculo.

La ceremonia de Itá se inicia antes del medio día. El oriaté dará cuenta a Olorun de lo que se va a hacer mediante una ceremonia llamada ñangareo. Ese día la madrina prepara una mezcla que contiene leche, harina de maíz y miel, y todos los presentes tienen que tomar de la misma mientras hacen los rezos a Olorun.

Aquí se manifestarán por primera vez los orishas que ha recibido el yawó. Los santeros creen que los orishas van a "comunicarse" por medio del oráculo. Durante la consulta, el oriaté le advierte al yawó de todas las cosas buenas o malas que le podrían suceder desde ese día en adelante.

Durante el registro, el oriaté advierte al iniciado sobre las prohibiciones que tiene que observar durante el resto de su vida para así alcanzar un mejoramiento óptimo en su diario vivir. Las prohibiciones pueden estar relacionadas con lugares que el iniciado no podrá frecuentar: cementerios, hospitales, acercarse o bañarse en el mar o también prohibiciones de alimentación.

Según la filosofía yoruba, los santeros no deben comer la misma comida que le sacrifican a su deidad tutelar. Quienes tienen como deidad tutelar a Oshún no pueden comer calabaza porque muchos de los sacrificios a esta deidad lo hacen con ese alimento. Se cree que si la persona come ese alimento, le puede caer mal, pues es considerado como una falta de respeto a la deidad. También consideran una falta de respeto sacrificar un alimento específico para una petición y luego ingerirlo como parte de las comidas diarias.

Durante la ceremonia de Itá, el santero va anotando en un cuaderno o "libreta de Itá" todo lo que va diciendo el oriaté. Luego el padrino o la madrina le entrega el cuaderno al yawó para que tome las debidas precauciones que le fueron indicadas. Aquí nacerá el nuevo nombre del iniciado dado por su padrino o madrina en el lenguaje yoruba, y lo mantendrá junto con el que le dieron sus padres al nacer. A pesar que el nombre lo escoge el padrino o la madrina, el oriaté debe preguntar por medio del oráculo si es del agrado de los orishas.

Cuentan los santeros que desde el día de la ceremonia de Itá hasta el séptimo, el yawó duerme en el suelo sobre una estera en casa de su padrino o madrina. La oyugbona baña al yawó cada día con omiero y lo alimenta como a un niño. Esto lo hacen hasta el sexto día cuando la oyugbona debe hacer al yawó una rogación de cabeza.

En el séptimo día el yawó es llevado a la plaza del mercado por su oyugbona. Él sale vestido de blanco, con sus pulseras, collares y la cabeza cubierta con un sombrero o un pañuelo de color blanco. Allí su oyugbona le compra y enseña al iniciado las frutas y vegetales que le pertenecen a cada deidad que recibió, así como las que pertenecen a su deidad tutelar. Al terminar, van a la casa a ponerle las primeras ofrendas a los orishas que recibió el yawó, junto con dos velas. Luego la madrina o el padrino lleva al yawó hasta su casa junto con las soperas de los orishas.

En algunas casas de santo acostumbran a llevar al iniciado a una iglesia católica, antes de ir a la plaza del mercado. Esto es hecho en el Nuevo Mundo en memoria de los miles de esclavos que fueron obligados a bautizarse en la fe católica.

Como ya se mencionó, la ceremonia de Itá tiene como fin que el yawó conozca por medio del oráculo de la adivinación las normas y prohibiciones que debe seguir y respetar durante toda su vida. También están incluidas las que el iniciado debe seguir durante su año de yaworage. Una vez que se ha terminado con la iniciación, el yawó debe ir a su casa y cumplir por un año con las normas y prohibiciones que le fueron indicadas en el Itá y otras normas que su padrino o madrina le deben explicar.

Por esta razón los santeros no pueden dejar solos a sus ahijados durante su año de yaworage, ya que son responsables de cualquier cosa que le pueda suceder al yawó. El padrino o la madrina tiene la obligación de guiar a su ahijado en el plano espiritual, mental, social y en la salud, y ayudarlo para que aprenda a querer y a respetar a sus deidades y a su religión.

Después de que el neófito pasa por la iniciación, comienza a tener un periodo de aprendizaje durante el cual el yawó se familiariza con la mitología y el ritual propio de su deidad tutelar.

Entre las normas que debe seguir el yawó durante su año de yaworage están las siguientes:

1) Debe vestir durante un año completamente de blanco, con sus collares y su cabeza cubierta.

2) No puede mirarse en los espejos. En caso de ser mujer, no puede teñirse el cabello o maquillarse.

3) Sus sábanas y toallas tienen que ser blancas.

4) No puede estar en la calle por la noche. No puede frecuentar bares ni ingerir bebidas alcohólicas.

5) Tiene que comer en el suelo sobre una estera sin utilizar un tenedor o cuchillo, sólo una cuchara, como lo haría un niño.

6) No puede responder por su verdadero nombre, sólo si se le llama bajo el nombre de yawó.

7) Siempre debe cuidar el área de su cabeza para toda su vida, pues según los santeros es allí donde reside la "energía sobrenatural" de su deidad tutelar.

Los santeros y los babalawos afirman que todas las energías Negativas o positivas que pueda recibir una persona del ambiente que le rodea entrarán por la cabeza. He observado que, cada vez que los santeros están en una ceremonia, en un cementerio, o en un hospital, se cubren la cabeza con un pañuelo y en el caso de los hombres, con un sombrero. De esta manera su eleddá estará protegida de cualquier "energía sobrenatural" negativa que pueda afectar a su persona.

Cabe señalar que en muchas ocasiones, de acuerdo al Itá, el yawó sólo se va a dedicar durante su vida al culto de sus deidades y que no puede iniciar a ninguna persona en la religión. En otras ocasiones la persona no inicia a nadie en la religión, porque solamente se inició para buscar una protección de sus deidades.

Como vemos, la iniciación es una especie de alianza o pacto entre un ser humano y su divinidad protectora.

Una vez terminada la iniciación, el yawó pasa a ser un santero pero, para que pueda preparar ceremonias y tener ahijados, debe esperar tres meses y pasar por una ceremonia conocida como "ebbo de tres meses", la cual se explicará más adelante.

Ceremonias posteriores a la iniciación

La santería se caracteriza por la cantidad de ceremonias que se practican.

El compromiso del yawó con la religión no finaliza con la ceremonia de iniciación. Sería idóneo que los lazos de parentesco entre los ahijados y sus padrinos se mantuviesen para toda la vida, pero a veces se rompen por diferentes motivos.

Es deber de los santeros mantenerse en contacto con su casa de santo, asistir a las ceremonias religiosas que allí se practiquen o las fiestas de toques de tambor que los creyentes hacen en honor a los orishas.

Algunos santeros procuran mantenerse activos en la religión después de haber pasado por la iniciación, ya sea consultando a personas con los oráculos de adivinación e iniciando a otros a que vayan a sus casas, si así lo desean. También seguirán iniciándose en los secretos de otras deidades, siempre y cuando los oráculos así se lo indiquen y su capacidad económica lo permita.

En ocasiones los oráculos de adivinación pueden indicar a los santeros que deben iniciarse en los secretos de deidades que no hayan recibido. Si es el caso, tiene que hacerlo con una persona que posea los secretos de esa deidad, porque de lo contrario no puede entrar a la ceremonia.

Una vez termina la iniciación es conveniente que el santero consagrado pase por dos ceremonias: el "ebbo de tres meses", y el "ebbo de un año".

Ceremonia de ebbo de tres meses

Es una ceremonia por la cual debe pasar el yawó después que hayan pasado tres meses desde su iniciación, o en cualquier momento antes del año de yaworaje. Allí le hacen una rogación de cabeza y le remueven el pañuelo de la cabeza que siempre debió llevar puesto. Después de los tres meses debe ponérselo sólo para salir a la calle.

A la mujer le remueven el chal. Ahora se le da un espejo a la persona, ya que antes de esta ceremonia no podía mirarse en él. Luego el padrino efectúa una ceremonia donde se sacrifican animales a los orishas que recibió el yawó durante su iniciación.

Una vez termina ceremonia, luego de haber pasado un año desde su iniciación, debe pasar por otra ceremonia llamada "entrega de cuarto de santo". De lo contrario, no puede efectuar ceremonias en santería.

Debido a que la persona tuvo los ojos cerrados durante su iniciación, es deber de su padrino o madrina llevarlo a una ceremonia similar para que vea lo que hicieron con ella, y así aprender cómo es el ritual. El padrino o madrina explicará cada uno de los pasos y qué se debe hacer en cada uno de ellos.

Cuando el santero recibe esta ceremonia, ya puede comenzar a hacer ceremonias en santería, siempre y cuando no estén vedadas en su itá.

Ceremonia de mano de Orula

A pesar de que las mujeres no pueden llegar a ser babalawos, existe una ceremonia que permite que las iyalochas puedan participar en ceremonias relacionadas con la deidad Orula. Esta ceremonia se conoce como Ico-Fá y solamente las mujeres que hayan sido iniciadas en santería pueden pasar por la misma.

Las mujeres que pasan por esta ceremonia lo hacen porque se han dedicado a estudiar más acerca de la deidad Orula y desean participar en forma pasiva de las ceremonias que practican los babalawos. A estas santeras les está prohibido estar presentes en algunas ceremonias, como por ejemplo, en la de iniciación de los babalawos y alguna otra en donde el babalawo afirme que una mujer no debe estar presente.

Son muy pocas las mujeres que llegan a tomar la ceremonia de Ico-Fá y Orula es el único que puede determinar, por medio del oráculo de adivinación, si una mujer está preparada para recibir la ceremonia.

La ceremonia de Ico-Fá también es conocida con el nombre de "mano de Orula", siendo más compleja que la que reciben los neófitos antes de su iniciación. Su duración es de tres días.

Durante la ceremonia, el babalawo le enseña a la mujer algunos secretos referentes a Orula, mientras sacrifica a la deidad los respectivos animales. Ella no puede revelar nada de lo que se hizo durante la ceremonia, ni tampoco lo que vea o escuche en las que asista.

Los hombres también pueden pasar por esta ceremonia, siempre y cuando el oráculo de adivinación lo indique y puedan pagar los gastos. Para el hombre, la ceremonia es llamada Abo-Faca y, normalmente, quien pasa por ella es porque debe pasar por la ceremonia de iniciación de los babalawos. Al terminar, el babalawo, quien es padrino del creyente, comienza a preparar al neófito para la ceremonia de iniciación, la cual es muy secreta y difícil conseguir detalles de la misma.

El toque de tambor y la posesión

En las prácticas de santería en Puerto Rico se acostumbra a celebrar fiestas en homenaje a los orishas, ya sea en las casas de los santeros o en las casas de los babalawos. Se contratan músicos que dominen los toques de tambores y sepan cantarle a los orishas, mientras los santeros bailan para sus deidades.

Es una actividad abierta y puede asistir todo el que quiera, independientemente de que sea iniciado o aleyo. El origen de estas fiestas proviene de África. La música en tierra yoruba representa una parte integral de la vida en la comunidad y es por medio de ella que se establece una comunicación armónica para todo tipo de eventos, ya sean religiosos o sociales.

Según Pedro Pablo Aguilera (1994), para los yorubas, los toques de tambor de tipo religioso sólo pueden ser celebrados con los tambores llamados batá. Los toques de tambores se llevan a cabo en los santuarios, los cuales, en lengua yoruba, se denominan "igbodú", procedente de la palabra *egbo*, que significa *sacrificio*.

Los batá son de tres diferentes tamaños: el omelé o Kónkolo (en África se llama Okóngolo) es el más pequeño y el que da las notas más altas; el itótele u Omele Enku, es el mediano y sigue el ritmo marcado por el mayor o Iyá, la madre.

Los tambores son considerados sagrados para los creyentes, ya que en ellos reside una deidad llamada Aña. Para consagrar los tambores, tienen que estar preparados por personas iniciadas en la religión y ser conocedoras de los fundamentos y secretos que deben tener los tambores en su interior.

Durante las fiestas los tambores son acompañados por el sonido de unas maracas o por un instrumento llamado chekeré o güiro. El sonido del chekeré tiene la facultad de hacer que el creyente caiga en posesión por su deidad tutelar.

Los tambores batá son confeccionados con madera de cedro o caoba. La piel del tambor es de chivo macho y de venados. Se usan estos animales porque los batás pertenecen a Changó y son los que se sacrifican en su nombre.

En Puerto Rico es muy costoso conseguir los tambores batá y quien los toque. Por tal razón, la mayoría de las veces se hacen fiestas a los orishas conocidas como bembé o güiro, en las que no se requiere los tambores batá. Aquí no se utilizan tambores batá, sino tambores que no estén consagrados, junto con maracas y el chekeré o güiro.

En las fiestas donde se dan toques con tambores batá, los tamboreros van cambiando el sonido de los toques a medida que llegan los santeros y babalawos como una señal de saludo. Los iniciados, como parte del ritual, inmediatamente se postran respetuosamente ante los tambores para saludar a la deidad que vive en ellos.

Esto no sucede con los tambores "profanos", por llamarlos de alguna manera. De todos modos, corresponde a ambos estilos de tambores, ya sean batá o los "profanos", "llamar" e "incitar" a los dioses a que bajen a la Tierra para que compartan y disfruten de la actividad en compañía de sus fieles.

Las canciones que cantan tanto los tamboreros como los presentes, son en lengua yoruba. Están relacionadas con la mitología o las características que representan a cada deidad.

Las siguientes son tres canciones que se cantan durante los toques de tambor. Me fueron traducidas por un oriaté llamado Odduanlá, el cual además de conocer muchas canciones en lengua yoruba, también tiene la facultad de traducirlas al idioma español.

CANTO A ELEGGUÁ

Oriaté: Assoquerequere meyo alaguana qui la boche

Niño bonito, niño mío, yo te adoro para que vengas al lado mío.

Coro: Assoquerequere meyo alaguana qui la boche

Niño bonito, niño mío, yo te adoro para que vengas al lado mío.

Oriaté: Bara sudayo a Layoew mamaquena iraguoee

Todo hijo busca a su madre, Elegguá busca a su madre.

Coro: Obara guayo echu eee

Usted es problema, el problema, problema es.

Oriaté: Bara layiqui oguo bara layiqui oguo

Usted es el sabio de los sabios.

Ebo echurreo acho wewe acho wewe

Pónganse derecho para saludar al que más sabe, saludar al que más sabe.

Aquetefonbo aquetefondo lorisa leyo leyo

Al que viene de la manigua.

Acho wewe acho wewe

Saludar al que más sabe, saludar al que más sabe.

Coro: Bara layiqui oguo bara layiqui oguo

Usted es el sabio de los sabios.

Ebo echurreo acho wewe acho wewe

Pónganse derecho para saludar al que más sabe, saludar al que más sabe.

Aquetefonbo aquetefondo lorisa leyo leyo

Al que viene de la manigua.

Acho wewe acho wewe

Saludar al que más sabe, saludar al que más sabe.

El oriaté me comenta que la manigua es un matorral y que ellos mencionan la manigua porque Elegguá siempre se simboliza como que viene lleno de hierbas, ya que es la deidad que abre los caminos a los orishas mientras éstos vienen caminando por un matorral.

CANTO A OCHOSI
Oriaté: Omo Ochosi, omo Ochosi baba ayiloda alamalade

Hijos de Ochosi, hijos de Ochosi, hijo de la justicia.

Coro: Ochosi ayiloda alamalade

Ochosi hijo de la justicia.

Oriaté: Ochosi movi guara guara oke oke
Ochosi por tanta sabiduría de la cárcel.

Ochosi mori guara guara oke oke
Ochosi por tanta sabiduría de la cárcel.

Sire Sire odemata oke oke
Digan digan dueño de la cárcel.

Sire Sire odemata oke oke
Digan digan dueño de la cárcel.

Coro: Odemata oke oke
Dueño de la cárcel.

Oriaté: Sire Sire
Digan digan.

Coro: Odemata oke oke
Dueño de la cárcel.

Oriaté: Yanbele que iloro odemata colona odemata colona
Pongan firmes sus manos al arquero, sus manos al arquero.

Odemata colona aguao
Sus manos al arquero para cazar.

Coro: Yanbele que iloro odemata colona odemata colona
Pongan firmes sus manos al arquero, sus manos al arquero.

Odemata colona aguao
Sus manos al arquero para cazar.

Oriaté: Iya odessacacareo omolode
Lanza la lanza derecho.

Iya ode sacacareo iyade

  Lanza la lanza firme.

Coro: Iya odessacacareo omolode

  Lanza la lanza derecho.

Iya ode sacacareo iyade

  Lanza la lanza firme.

En esta última parte de la canción, los iniciados en los secretos de Ochosi o "hijos de Ochosi" que estén presentes en el tambor contestan mientras hacen gestos con las manos como si estuvieran lanzando una lanza con un arquero.

Canto a Oggún

Oriaté: Oggundere arere iro bonbo locua

  La locomotora, el que nunca para.

Coro: Oggundere arere iro bonbo locua

  La locomotora, el que nunca para.

Oriaté: Ase Ase Ogunde

  Trabaja trabaja Oggún.

Coro: Oggún locha cogunille

  Oggún ven a mi casa para que me ayudes.

Oriaté: Aggunilleo oggún maribó

  Oggún hay alcohol en mi casa.

Oggún ofombole oile awer y aribo

  Oggún tenemos bebida para usted.

Oggún dere banba

  Oggún venga a bailar.

Coro: Aggunilleo Oggún maribó

Oggún hay alcohol en mi casa.

Oggún ofombole oile awer y aribo

Oggún tenemos bebida para usted.

Oggún dere banba

Oggún venga a bailar.

Oriaté: See ariboyanya Oggún

Oggún coja el machete.

Arere arereo eee aribonyanya

Venga a saludarnos con el machete.

Coro: See ariboyanya Oggún

Oggún coja el machete.

Arere arereo eee aribonyanya

Venga a saludarnos con el machete.

Le pregunté al oriaté en qué se relaciona la parte donde cantan *Oggundere arere iro bonbo locua* (La locomotora, el que
nunca para) con la vida del orisha. Me contestó que, cuando
Oggún violó a su madre, se escondió en el monte y sólo se
dedicó a trabajar y trabajar, como las locomotoras, y por eso
se le canta de esta forma.

Durante las ceremonias de toques de tambor, los individuos que los interpretan son conocedores de los toques que
pertenecen a cada deidad y sus canciones, mientras los santeros siguen a los tamboreros repitiendo en forma de coros.

Estas coplas tan emotivas que cantan a los orishas en lengua yoruba son recitaciones para saludar y llamar a los dioses. En ellas se hace referencia a la vida, atributos y poderes

de cada deidad. Los toques son una especie de diálogo entre el que está cantando y los presentes, pero sólo los santeros que hayan sido presentados a los tambores por su padrino o madrina pueden bailar al frente.

Durante los toques los santeros se mantienen cantando y bailando para sus deidades hasta que la música los va llevando a un trance. Casi siempre al menos una persona cae en posesión por su deidad tutelar para llevar mensajes a los presentes. Los babalawos en cambio nunca son poseídos por deidad alguna, aún así, participan de los bailes haciendo sus pasos rituales frente a los tambores cuando se le toca a la deidad Orula, y las mujeres bailan alrededor de ellos.

Los babalawos poseen, en distinta medida y orden, el secreto, las fórmulas crípticas y la entonación precisa para lograr la invocación y el halago de las divinidades. Muchas veces ellos provocan la posesión de algunos santeros con sus entonaciones en el lenguaje yoruba.

La repetición rítmica a sonsonete de los vocablos cumple un papel emotivo y actúa en forma sugestiva sobre los creyentes. La música de los tambores, que va desde el reposo hasta un frenesí, tiene propiedades hipnóticas. Todo esto se une para crear un ambiente rodeado de magia el cual hace que el creyente actúe de forma excitada y en ocasiones lo precipita a introducirse en un trance.

El sonido del chekeré o güiro también ayuda a acelerar el trance. Después de entrar en una profunda hipnosis, que los santeros llaman caer en posesión por su deidad tutelar, el individuo aparenta haber perdido el conocimiento y comienza a actuar como la deidad misma. Su cuerpo se convierte en un espacio sagrado. Los creyentes dicen: "el santo lo montó", y significa que la persona ha sido poseída por su deidad principal.

Antes de iniciar la ceremonia los santeros y babalawos ponen ofrendas a los egguns, con algún alimento para que no se cree discordia durante la fiesta y colocan un plato de comida frente a la piedra donde reside el secreto de Elegguá en caso de que la ceremonia se esté efectuando en casa de un santero. En el caso que la celebración se vaya a efectuar en casa de un babalawo, ponen la ofrenda de comida frente a la piedra de la deidad Elegguá-Eshu, ya que este orisha controla el destino de los creyentes.

Los primeros toques de tambor están dirigidos a la deidad Elegguá. Existe la creencia que él es quien puede controlar el destino de las personas. De esta manera, si primero se le rinde tributo a él, la ceremonia tendrá éxito. Si hay personas iniciadas en los secretos de Elegguá, comienzan a bailar frente al tambor para rendirle pleitesía a su deidad.

Al finalizar los toques de Elegguá, comienzan tocándole a la deidad a la cual le están dedicando la ceremonia. Los santeros que tengan como orisha tutelar a esa deidad pasan al frente a bailar con los pasos que corresponden a ese orisha. Así, sucesivamente, según se van dando los toques, se van acercando los presentes al tambor en símbolo de respeto a su deidad.

Cuando se realiza el toque de tambor para una deidad específica, el día de la fiesta, el dueño de la casa prepara un trono en el cuarto de santo con los atributos de la deidad a la cual se está dedicando la misma.

Dentro del trono se encuentra la sopera de la deidad y frente a ésta las diferentes ofrendas que se le debe poner al orisha. Antes de dar comienzo con la fiesta, los tamboreros entran al cuarto de santo para venerar al orisha mediante el toque de los tambores. Esta ceremonia se conoce como Oró del "Igbodú" o toque en el "cuarto de las ofrendas".

Durante la ceremonia sólo se darán toques a los orishas y se les adorará. Todo surge de modo muy tranquilo, no hay bailes y los sonidos de los tambores son diferentes a los que se escuchan durante la fiesta. Una vez terminados los toques dentro del cuarto de santo, todos los santeros deben postrarse a saludar a la deidad que está en el trono.

A las ceremonias con los tambores no sólo asisten iniciados, también lo hacen aquellos que tienen curiosidad. Estas personas, junto con los creyentes no iniciados, pueden quedarse durante los toques, pero lejos del lugar provisto para la ceremonia. Los creyentes piensan que los no iniciados tienen que estar lejos, ya que si una deidad está intentando posesionarse de alguien, podría escoger a una persona no iniciada. Si esto ocurriera, el santero o babalawo buscaría el collar de mazo de la deidad que posesionó a la persona, se lo pondría y podría pedir que la persona pasara en esos momentos por la ceremonia de iniciación.

En las culturas donde existe el fenómeno de la posesión, los creyentes lo hacen parte de un acto religioso, ya que se sienten cerca de sus deidades y piensan que se pueden comunicar con las mismas por medio de la persona poseída.

En santería, los iniciados comienzan a bailar y cantar al ritmo de los tambores. Algunos, antes de quedar poseídos, comienzan a dar vueltas hasta caer exhaustos en el suelo. Otros quedan paralizados y comienzan a gritar. Otros sólo bailan en forma tribal hasta que caen completamente en la posesión.

Una vez que la persona está poseída, los tambores paran de tocar y todos quedan tranquilos esperando a que el orisha se manifieste por medio de su homo-orisha.

Es posible que la persona hable o sólo se manifieste corporalmente. Cuando alguien es poseído, muchas veces los oficiantes le ponen al poseso un traje de gala con los colores de la deidad. Si no hay un traje, los hombres tienden a desgarrarse la ropa y a quitarse los zapatos, comportándose de una manera primitiva.

En el caso de las mujeres, siempre asisten con faldas anchas del color de su deidad por si su deidad baja a poseerla durante la ceremonia. En ambos casos los presentes atan a la cintura del poseso un pedazo de tela largo del color de su orisha principal.

Existe la posesión por un espíritu cuando una persona asume un estado de aparente auto-hipnosis o disociación, y cuando su comportamiento no es su conducta ordinaria. El control de la persona está en manos de algo externo, que los santeros denominan espíritu o deidad.

Durante el toque de tambor, acuden santeros famosos por sus posesiones, y su experiencia ayuda a que los mensajes de su deidad tutelar lleguen claros a los presentes. También existen santeros que nunca han llegado a ser poseídos por su deidad. Esto puede suceder ya sea porque el orisha entiende que es peligroso para la salud del iniciado, o porque algunos santeros, cuando están a punto de ser poseídos por su deidad, recurren a métodos para no caer en este estado.

Hay santeros que le tienen miedo a la posesión, ya que durante la misma no están conscientes de sus acciones, aunque siempre los mayores en la religión y los babalawos cuidan de que no les suceda nada peligroso.

Otra razón por la cual rechazan caer en posesión es porque después de que se termina todo, la persona siente dolor en la espalda, en el cuello, en las piernas y que éstas se les adormecen.

Los bailes de las deidades masculinas tienden a ser más violentos en sus movimientos. Los de las deidades femeninas se caracterizan por la forma en que mueven las faldas con sus manos, al ritmo de los tambores. Cada una mueve la falda de la forma en que actúa su deidad en ella.

Los santeros que son "hijos" de una deidad femenina siendo hombres, se comportan con feminismos. En las mujeres santeras que caen en posesión por una deidad masculina, su voz se torna más gruesa. En otras palabras, el médium asume el papel y la personalidad de un ser que no es él, ocasionando en la persona un gran efecto histriónico.

La siguiente ceremonia, a pesar de ser la última, no significa que sea la menos importante. Es la del Ituto y es la ceremonia final por la que deben pasar los santeros al morir.

Ituto o ritos funerarios

A lo largo de este libro se ha mencionado la importancia de los ancestros para los yorubas. Por esta razón, cuando moría una persona en África, sus familiares y amigos practicaban ceremonias de honor al difunto.

Al llegar los yorubas a Cuba, el culto a los ancestros fue perdiendo importancia debido a las nuevas costumbres que fueron impuestas a los esclavos por la religión católica. Ya no podían rendirle tributo a sus ancestros, ni practicar los sacrificios que acostumbraban hacer en la tumba de sus familiares y amigos fallecidos. Sus creencias y prácticas ancestrales eran perseguidas por las autoridades eclesiásticas. Al cabo de cierto tiempo, los descendientes yorubas pudieron volver a rendirle tributo a sus muertos.

Cuando un santero o babalawo muere se le practican unas ceremonias llamadas *honras de eggun* (término que viene de egungun, y que en África significa "muerto"). El fin de estas honras es rendir honor, homenaje o tributo al espíritu de ese babalocha o iyalocha que se ha marchado hacia lo que se conoce como el Araorun: el más allá. La palabra Araorun significa: *que viene del más allá de Dios*, los ancestros.

Las ceremonias de Ituto se efectúan en la casa del difunto, con un grupo de santeros, con el fin de cumplir su última voluntad y la de su orisha. Es por medio del oráculo de adivinación que los sacerdotes y sacerdotisas investigan qué es lo que el difunto desea hacer con sus objetos religiosos.

Mediante el oráculo, éste puede pedir que se le entregue los objetos a un ahijado, casi siempre al ahijado mayor del difunto. En caso de que el padrino esté vivo, se los entregan a él. La persona que se queda con los objetos tiene que seguir ocupándose de los mismos. Si, por el contrario, el difunto quiere llevárselos consigo, entonces se rompen y se ponen dentro del ataúd.

El día de la ceremonia visten al difunto con el traje de gala que usó el "día del medio" en su iniciación y le ponen en el féretro la trenza que le fue cortada por el babalawo o el oriaté el primer día de iniciación junto con la tijera y la navaja que se utilizó.

Si el traje no le sirve al difunto, lo visten completamente de blanco y ponen el traje de coronación doblado en una esquina del ataúd. Después, el oriaté inicia los rezos destinados a lograr que el alma del muerto se aparte de los vivos y no regrese a molestar a nadie.

A los tres meses de haber finalizado las ceremonias, los ahijados proceden a hacer otras honras que constituyen una forma de cumplimentar con el espíritu del fallecido. El propósito de la ceremonia es que el difunto tenga tranquilidad eterna y, según dicen los santeros, para que el espíritu del muerto no venga a molestar a los vivos en la Tierra.

Los santeros piensan que si no cumplen con las honras debidamente, el difunto puede interponerse en las ceremonias que lleven a cabo sus ahijados, ocasionando problemas en los rituales.

La ceremonia de Itutu tiene sus restricciones porque no todos los santeros tienen el derecho a que sus ahijados y ahijadas le preparen las honras. Para que se efectúe esta ceremonia a un santero, existen dos requisitos indispensables: que el difunto haya sido presentado a los tambores batá, ya que estos tambores son los únicos que pueden ser tocados durante el Ituto, y que lleve más de diez años de iniciado.

Una vez que el difunto haya cumplido un año de muerto, sus ahijados celebran una última ceremonia llamada "el levantamiento del plato". Durante la ceremonia se realizan plegarias y al finalizarlas se procede a sacrificarle un animal sobre su tumba. Si el oráculo de adivinación dice que todo está bien, se dan por terminadas las ceremonias mortuorias.

Capítulo 5

Sistemas de adivinación

Los sistemas de adivinación en santería tienen gran importancia durante las ceremonias y en el diario vivir de los creyentes. Por medio de la adivinación, las deidades "hablan" y "aconsejan". De esta manera, el creyente cree obtener el mejor beneficio y apoyo de los orishas.

En las culturas donde se practican este tipo de creencias animistas y fetichistas es fundamental el uso de los oráculos, y sus conocimientos se han mantenido vigentes en las nuevas tierras.

Los santeros y babalawos se dedican, entre otras cosas, a consultar a sus clientes mediante los oráculos de adivinación, y son esenciales para todas las ceremonias.

Cuando una persona asiste a la casa de un santero, siempre se le explica lo delicado que puede ser el ponerse en manos de una persona que no esté consagrada debidamente en los secretos de las deidades yorubas. Esto puede producir consecuencias nefastas al consultado.

Mediante los oráculos, los seres humanos pueden entrar en contacto directo con las deidades orishas. Así podrá enterarse de los problemas que interfieren en su vida, y de las soluciones para resolverlos.

En la consulta al oráculo de Ifá "habla" la deidad llamada Orula. En la consulta de los caracoles, "habla" Elegguá, manifestando el mensaje de todos los orishas.

Los yorubas creen firmemente en la adivinación y en que los oráculos son esenciales para encaminar el destino de las personas. Piensan que cuando una persona nace, su eleddá, o entidad espiritual, que está asociada con su cabeza, comparece ante Olofi para recibir de manos de la suprema deidad su "iwá", o destino, durante su nueva existencia en la Tierra. A cada eleddá se le permite escoger el tipo de destino que desea y, si la selección es razonable y se pide con humildad, se le concede al individuo.

Los santeros creen que cuando un individuo comparece ante Olofi, los únicos testigos presentes son Orula y Elegguá. Por tal razón, son los únicos que saben cuál es la misión que Olofi le ha dado a cada persona antes de nacer.

La tarea de ambos orishas es hacer que el ser humano cumpla con esa misión en la Tierra. Debido a que Elegguá sabe sobre el destino de cada persona antes de su nacimiento, los santeros creen que hay que complacer a Elegguá en todo momento para que lo lleve por el buen camino.

También es preciso consultar con frecuencia los oráculos de adivinación a través de un babalawo (iniciado en los secretos de Orula u Orúnmila), o los santeros (por medio del diloggun) con los caracoles que han sido consagrados a la deidad Elegguá. Estos sistemas de adivinación actúan como intermediarios entre el hombre y Elegguá, para que la deidad lo encamine en la misión que la persona escogió antes de llegar a la Tierra.

Según el creyente, es mediante el oráculo que podrá encaminar su destino para efectuar la misión que Olofi le encargó en la Tierra. Las deidades le previenen de situaciones negativas y la forma en que debe actuar ante las vicisitudes. También ayudan a resolver los problemas cotidianos, pero saben que un individuo no puede cambiar su destino. Si enfrenta un grave problema, ya sea de salud o legal, es necesario aconsejar al cliente que busque la ayuda adecuada. El sistema de adivinación aconseja que lo debe hacer.

Si el creyente afronta un problema inevitable, el oráculo puede predecirlo y, de esa forma, podrá enfrentar la adversidad con la ayuda de los orishas.

Los sistemas de adivinación en tierra yoruba tienen como base la tradición oral del Ifá, la cual fue transmitida por medio de las enseñanzas del profeta Orúnmila. Es descrito en el folklore de Ifá como un hombre que vino a la ciudad sagrada de Ilé-Ifé a enseñar un sistema de ética, la creencia religiosa y la visión mística.

El sistema de adivinación de los babalawos se conoce con el nombre de Ifá. Está compuesto de letras (apattakies) que marcan el registro de la adivinación en la mitología yoruba. Narran sucesos por los que pasaron los dioses cuando habitaban en la Tierra y les son explicadas a los consultados por el adivino, para que de esta forma pueda entender mejor el problema por el que está pasando.

Después, el consultado seguirá las instrucciones del adivino haciendo las ofrendas indicadas a los orishas para su protección. Sólo el adivino sabe qué ebbo debe hacer el consultado para que supere el problema.

Los babalawos y los santeros son instruidos en los oráculos del Ifá por los más antiguos en la religión, hasta que se convierten en expertos en los sistemas de adivinación. Mientras más odduns o historias mitológicas conozca el adivino, mejor será su reputación entre los demás integrantes del culto y más clientes tendrá en sus consultas.

Los santeros y babalawos, según sea el caso, interpretarán los odduns o signos que aparezcan por medio de los oráculos de adivinación y darán los consejos que los orishas emitan. También el interesado puede enterarse a través de los oráculos si la santería forma parte de su destino.

Los siguientes son los sistemas de adivinación que existen en la religión yoruba.

El oráculo del Obbi o el coco

"Oráculo de Biagué" es el nombre que recibe el método de adivinación mediante el uso del coco. Según un apattaki yoruba, fue un adivino llamado Biagué quien creó este sistema de adivinación, pero en el caso de Puerto Rico, los creyentes le llaman el *oráculo del coco*.

En santería, el coco es de suma importancia y es utilizado con diferentes propósitos. El oráculo del coco se utiliza para conocer las decisiones y los deseos de un orisha, durante la preparación de las ofrendas que se le darán a los orishas y durante la ceremonia de rogación de cabeza.

En las diferentes ceremonias religiosas, los santeros usan esta forma de adivinación para determinar si los orishas están satisfechos con las ofrendas recibidas y que hacer con ellas después de que hayan sido dadas a las deidades. Los santeros nunca usan el coco para hacer un registro o lectura, ya que las respuestas que podrían recibir son limitadas.

Este sistema es usado para hacer preguntas de conformidad o rechazo, tanto a los orishas como a los egguns. También se utiliza para saber si todo está en orden, o si la persona a la que se le está preparando la ceremonia necesita algo más.

Al finalizar las ceremonias religiosas, los santeros preguntan a las deidades dónde deben tirar los sacrificios u objetos que se utilizaron durante la ceremonia. Como saben por lo general cuáles deben ser esos lugares, hacen diferentes preguntas hasta obtener la letra que indique afirmativo. Estos lugares pueden ser la puerta de una iglesia, un cementerio, el mar, un río, un monte, etc.

Lo primero que hacen los santeros para poder hacer esta consulta es abrir un coco seco con una piedra o con algo fuerte. Nunca lo tiran al suelo porque ofenderían a la deidad Obbi, quien vive en su interior.

Al abrirlo, deben sacarle la pulpa. Luego proceden a cortar cuatro pedazos en forma triangular o redonda —para facilitar la tirada— y lo ponen en un plato color blanco, como símbolo de pureza, junto con una jícara con agua. Antes de iniciar las preguntas al sistema de adivinación, comienzan a moyugbar, piden en voz alta la ayuda de los santeros mayores y fallecidos, y rezan a los orishas para que los ayuden en las respuestas del oráculo.

Mientras moyugban, tiran un poco de agua al suelo para "refrescar el ambiente" y sacan con la uña pedazos de coco que también tiran al suelo. Al terminar, piensan o dicen en voz alta la pregunta que quieren hacer y lanzan las cuatro cortezas de coco al suelo. Las cortezas pueden combinarse de cinco formas diferentes:

1) Alafia es cuando las cuatro cortezas de coco caen mostrando la parte blanca, lo que significa "sí" o "todo bien". Mellifé es la combinación de dos cortezas blancas y dos oscuras y significa un "sí" contundente.

2) Itaguá es la combinación de tres caras blancas y una oscura. Significa que algo está incompleto en la ceremonia. El que preside la ceremonia o la consulta comienza a preguntar qué podría faltar, mientras sigue tirando las cuatro cortezas al suelo hasta que obtenga respuesta.

3) Alafia, como ya se mencionó, significa "sí"; que "todo está bien", o Mellifé, que es un "sí" contundente.

4) Okana Sode es la combinación de tres caras oscuras y una blanca. Esta letra significa "no".

5) Por último, Llecún u Oyekun, cuando las cuatro cortezas caen mostrando su parte oscura. Significa "no" y predice la muerte del consultado, de un familiar o de un amigo cercano. Cuando sale esta letra, el adivino toma los cuatro pedazos de coco y los coloca dentro de la jícara con agua junto con ocho pedazos de manteca de cacao. El adivino debe registrar al consultado con el oráculo mayor de los santeros (diloggun).

Por ser la más simple adivinación, es la más utilizada por los creyentes. Algunos se consultan a sí mismos cada mañana para saber cómo será su día. También acuden a este oráculo cuando necesitan una respuesta rápida sobre un problema, pero siempre sabiendo que la respuesta estará limitada a un "sí" o un "no".

La razón por la cual prestan tanta importancia al coco proviene de África. Existe un apattaki donde se narra la historia de la deidad Obbi, la cual vive dentro de un coco:

"Obbi era un santo muy presumido y vanidoso. Un día ofreció una fiesta a la que concurrieron todos los santos. Después de que llegaron todos, llegó Obbi y, al entrar, la gente que acostumbraba congregarse en la puerta del templo fue a saludarlo y a pedirle dinero, como solían hacer con los demás santos. Obbi los rechazó porque no quería que lo tocaran. Cuando todos se sentaron en el suelo, él no lo hizo porque se ensuciaba. Fue tanta su vanidad y el orgullo que las quejas llegaron a oídos de Olofi, quien quiso comprobarlo con sus propios ojos. Entonces Olofi dio una fiesta y se disfrazó para que Obbi no lo reconociera. Cuando vio entrar a Obbi, se le acercó para darle la mano y él la rechazó. Olofi se quitó el disfraz. Obbi, al verlo, se sorprendió y enmudeció. Olofi le dijo que por ser tan orgulloso y vanidoso le devolvería el habla únicamente en el suelo".

Este castigo es una enseñanza para todos los creyentes de la religión. Se le enseña que todos los seres humanos son iguales y que no se deben diferenciar por su condición social. Si lo hacen, recibirán el castigo de Olofi. Es también por este mito que el coco se tira al suelo para las consultas y no sobre una estera.

El oráculo del diloggun o los caracoles

El sistema de adivinación mediante los caracoles se conoce en tierra yoruba como diloggun. Es mucho más completo y complejo que el sistema del coco.

Los caracoles son de gran importancia. Mediante este sistema de adivinación, los santeros o italeros creen predecir el pasado, presente inmediato y futuro de la persona que se está consultando.

La diversidad de formas que pueden componer los caracoles en sus caídas es considerable y cada una tiene una interpretación según el código del adivino conocido como odduns.

Los odduns son apattakies (historias de la mitología africana), y narran situaciones por las cuales pasaron los orishas cuando vivían en la Tierra, similares a las que puede estar pasando el consultado. Los santeros que se dedican a consultar mediante la adivinación del diloggun deberán tener un profundo conocimiento de los odduns y una buena retentiva mental para poder establecer una relación entre los hechos narrados en la lectura y los problemas del consultante.

También tienen la facultad de informarle al consultado qué tipo de ofrendas (addimu) puede hacerle a los orishas para salir de su problema con su ayuda.

Los santeros compran los caracoles, y su padrino o madrina es quien debe abrirlos cortando un pedacito de la superficie que está completamente cerrada. Los caracoles, conocidos como cauris, se convierten simbólicamente en la boca por donde hablan las deidades orishas durante la adivinación. Se consiguen en las botánicas. El más popular es conocido científicamente como *cypraea palmadusta*. En África era fácil conseguirlos, pues el molusco era la moneda con la que comerciaban varios pueblos, incluyendo los yorubas.

Cada orisha tiene sus propios caracoles, dieciocho en total. Los santeros normalmente utilizan el caracol de Elegguá el cual tiene veintiuno. No importa cuántos caracoles sean, el santero o la santera sólo puede consultar con dieciséis caracoles y dejar el resto como testigos de la consulta.

Los santeros sólo interpretan los caracoles que caigan boca arriba, pues estos son los que vienen "hablando".

Dependiendo de la forma en que caigan, será el odduns que los santeros deben interpretar. Los odduns se conocen con varios nombres: Okana, Ekioko, Oggundá, Irosun, Oshé, Obbara, Oddí, Eyeunle, Osá, Ofún, Ojuani, Eyinlá, Metanlá, Merinlá, Marunla y Meddiloggun.

Cuando un santero va a registrar a una persona, le pide su nombre completo y su fecha de nacimiento. Una vez escrito los datos en un papel, procede a poner una estera sobre la mesa o el suelo. Sobre la estera ponen los caracoles, un vaso con agua, los Igbos y una libreta para apuntar los odduns que van saliendo.

Cuando termina de preparar la mesa, dice las siguientes palabras:

"Omi tuto, Ona tuto, tuto egún, tuto laroye, tuto ilé", que quiere decir: "Agua fresca para que se refresque el revoltoso y refresque los caminos y la casa".

Después, el adivinador comienza a rezarle a Olofi, Olorun, Olodumare y a todos los orishas protectores para que su registro sea uno de provecho para el que se está consultando. Comienzan rezándole a Elegguá para que le abra el camino de la sabiduría y no haya complicaciones, luego hacen lo mismo con Ochosi, Oggún, Orisha-Oko, Obatalá, Oyá, Oshún, Changó, Yemayá, Babalú-Ayé y los Ibeyis.

Además de solicitar la ayuda de las deidades, les pide la bendición a los santeros mayores ya fallecidos, a los cuales nombra en voz alta para que, desde donde quiera que estén, le provean la sabiduría y el entendimiento necesario en el registro que van a realizar.

171

Los santeros tardan unos 15 minutos en moyugbar antes de comenzar con el registro. Todos los rezos y peticiones los hacen en lengua yoruba, y de memoria. Al terminar, el santero toma los dieciséis caracoles en una de sus manos y cambiándola hacia la otra mano dice:

"Que así como yo cambio de mano estos caracoles, cambie su suerte para bien, le cierre las puertas a lo malo y se las abra para lo bueno. No le diga verdad por mentira ni mentira por verdad".

Acto seguido, el santero toca al consultado con los caracoles en sus manos en la frente, los hombros y la palma de las manos y dice "Kosí Ikú, Kosi ano, Kosí Eyó, Kosí ofo, Aikú babawá", que quiere decir:

"Que no haya muerto, que no haya enfermo, que no haya revolución, que no haya pérdida de ahijados o en su familia, que venga a nosotros la inmortalidad y las buenas vibraciones".

Luego sigue diciendo "Ochareo-Adaché, Ochareo-Adaché", que quiere decir:

"No hables bueno para malo ni malo para bueno".

El adivino procede a tirar los caracoles sobre la estera. El santero, además de utilizar los caracoles, pone sobre la mesa los Igbos, los cuales se utilizan para saber si las preguntas que se les están haciendo a los orishas son afirmativas o negativas. Pueden estar compuestos por una piedrita de color oscuro, que dará una respuesta negativa, y un pedazo de cascarilla, que dará una respuesta afirmativa.

172

También utilizan un caracol pequeño de color blanco que quiere decir "sí", o la cabeza de una muñeca pequeña que significa "no". El santero abre las manos del consultado y le pone un Igbo en cada palma de sus manos pidiéndole que las cierre y las cambie de mano sin que lo vean.

El santero vuelve a tirar los caracoles para saber qué mano le va a pedir al consultado y allí se confirma si las letras u odduns que van saliendo con el registro de los caracoles vienen por algo bueno —iré— que le va a pasar por algo malo —ossobo—.

Los odduns principales son dieciséis, pero a la vez se subdividen partiendo de los principales. Los caracoles tienen más de doscientas cincuenta y seis combinaciones al caer, las cuales son historias sagradas que el adivino intenta memorizar para dar un mejor consejo al consultado.

Un oriaté afirmó que en cada uno de los doscientos cincuenta y seis odduns "habla" una o más deidades. Cada número que identifica a una deidad está relacionado con los odduns de la consulta del Ifá.

Los siguientes son los significados de los dieciséis odduns principales y la deidad que "habla" en cada uno de ellos, según el oriaté.

1) Okana: Si no hay bueno no hay malo. (Oddúa, Obatalá)

2) Eyioko: Guerra entre hermanos. (Ochosi)

3) Oggundá: Tragedia por mala decisión. (Elegguá)

4) Irosun: Nadie sabe lo que hay en el fondo del mar. (Orula)

5) Oché: Sangre que corre por las venas. (Oshún)

6) Obbara: De la mentira nace la verdad. (Changó)

7) Oddi: Donde se hizo hoyo por primera vez. (Yemayá)

8) Eyeúnle: La cabeza lleva al cuerpo. Un solo rey gobierna un pueblo. (Oddúa, Obatalá)

9) Osa: Su mejor amigo es su peor enemigo. (Oyá)

10) Ofún: Donde nace la maldición. (Orula)

11) Owani: Sacar agua en canasta; mal agradecimiento. (Yewá)

12) Eyilá: Cuando hay guerra, el soldado no duerme. (Changó)

13) Metánla: Donde nace la maldición. (Babalú-Ayé)

14) Merínla: Donde nace la enfermedad. Sangre enferma. (Babalú-Ayé)

15) Marúnla: Lo mismo que te mueve te paraliza. Sangre muerta. (Oggún)

16) Medilogun: Vino para ser sabio, si escucha consejo en la vida. (Oddúa, Obatalá).

En el sistema de caracoles (diloggun), los santeros sólo están capacitados para leer los odduns hasta el número doce. Los restantes odduns sólo pueden ser leídos por los babalawos, quienes utilizan otro sistema de adivinación más complejo, aun cuando ambos son derivados del Ifá.

La razón de esta prohibición fue explicada en el capítulo tres, cuando se narra en un apattakie que Yemayá, esposa de Orula, aprovechó que él estaba fuera del pueblo para ponerse a consultar a las personas con sus caracoles. Cuando llegó, Yemayá acababa de tirar el caracol saliendo la letra doce del oráculo, y le dijo: "hasta aquí podrás registrar, de aquí en adelante lo haré solamente yo".

En la religión yoruba todo tiene una explicación lógica, la cual se fundamenta en sus mitos. Los babalawos dicen que como en la letra trece "habla" Babalú-Ayé, los santeros no pueden consultar los odduns de ese número, porque aquí y en el catorce "habla" la deidad Babalú-Ayé.

Cuando Babalú-Ayé fue a donde Orula, él lo ayudó. Por tal razón sólo los babalawos interpretan a partir del trece, y no los santeros.

A pesar que los santeros tienen prohibido registrar más allá de la letra doce del oráculo, los italeros (expertos en los oráculos) consultan hasta el oddun número dieciséis porque opinan que están capacitados para hacerlo. Una vez sale la letra, el santero contará los caracoles que hayan caído boca arriba. Por ejemplo, si fuesen tres, la letra sería Oggundá.

Aunque no sucede con frecuencia, puede pasar que todos los caracoles caigan boca abajo. En este tipo de registro "habla" Olokun, quien es una manifestación de la deidad Yemayá y habita en la profundidad de los océanos. Si esto ocurre, el adivino tira agua en forma de lluvia en el interior de la casa, para "refrescarla", ya que la divinidad orisha es considerada como malévola y puede que esté augurando una tragedia.

La siguiente es una explicación histórica de los odduns, y los ebbos que le corresponden. El primer oddun es Okana, el cual contiene la siguiente historia:

"Había una vez un hombre que no creía ni en los muertos ni en las deidades. Cada vez que veía un santero se burlaba de él. Un día Changó le dijo a una persona que se estaba consultando que no fuera a donde tenía pensado ir. El descreído esperó a que la persona se alejara y la abordó diciéndole que no fuera bobo creyendo necedades y que fuera donde pensaba ir. Luego fue donde estaba Changó y, creyendo que lo iba a engañar, le dijo que le adivinara cuántas personas había en una casa que le señaló y que él ya conocía. Changó le dijo: "Dieciocho personas, pero de ellas sólo ven 16". El incrédulo le dijo que no era verdad, y la deidad mandó a tirar dieciocho monedas y salieron dieciséis personas de esa casa las cuales tomaron las dieciséis monedas. El incrédulo, al ver eso, se postró ante la deidad".

Como se puede ver, el adivino es muy respetado en África y en el Nuevo Mundo. Este apattakie es una enseñanza en donde se le advierte al creyente que no debe desconfiar de la sabiduría de las deidades y que hay que rendirles culto.

Para cada oddun existen diferentes ofrendas, por lo tanto el adivino comienza a preguntarle con el caracol al orisha qué ofrenda prefiere. Los ebbos que marcan los odduns son importantes y los debe hacer el consultado lo antes posible para que las deidades lo ayuden a salir pronto de un problema.

Si el orisha no escoge ninguna ofrenda, el adivino pregunta si la persona necesita tomar algunas ceremonias religiosas, como ponerse collares o recibir los guerreros. Lo último que los santeros preguntan a las deidades es si la persona resolverá su problema pasando por la ceremonia de iniciación.

Entre los ebbos para Okana se encuentran:

1) Recibir los guerreros, o hacerles sacrificios si ya los ha recibido. Puede ser: gallo, palomas, guinea, tres pescados frescos, jutía, maíz tostado, ceniza, tierra de frente de una puerta para Elegguá. Ebbo con ñame y ponérselo a Oggún y/o limpieza de carne al pie de Oggún.

2) Darle de comer al muerto o rayamiento en palo. (Ver palo mayombe).

3) Marca ebbo al pie de Eshu, Oggún o Aganyú.

El segundo oddun es el de Irosun, el cual narra la siguiente historia:

"Había una vez una madre que estaba muy triste porque su hijo se iba de gobernador a otra tierra. El hijo le dijo que no temiera porque él iba con sus mejores amigos y así salió con los escogidos rumbo a la tierra donde lo esperaban para que tomara el puesto de gobernador. Cuando llegaron a un sitio en el que había que pasar por unas cuevas, él fue el primero que entró y los que iban con él taparon la entrada y la salida porque le tenían mala voluntad debido a que había sido designado para ocupar un cargo que ellos no pudieron conseguir. No lograron matarlo porque el mar rugió y las olas destaparon la salida por donde escapó llegando a su destino".

En los odduns, Irosun es el número cuatro, y significa "nadie sabe lo que hay en el fondo del mar". Según este apattakie, si eres una persona de bien, la naturaleza, que son los orishas, siempre te ayudará a salir de los problemas triunfante.

Los diferentes ebbos para Irosun son los siguientes:

1) Recibir Olokun. Acordémonos de que el mar fue quien intervino en la historia anterior.

2) Un chivo a Oshún, un gallo, tres ayelé y frutas a los Ibeyis.

3) Un chivito, una flecha, un palo, tres piedras, un pollo para darle de comer a la tierra.

Los ebbos siempre conllevan un derecho monetario para la preparación de las ceremonias religiosas. No sabemos cuánto dinero le corresponde a cada ebbo, pero se usa para pagar los honorarios de los santeros, quienes ocupan su tiempo para prepararlos.

El oráculo del opelé y el tablero de Ifá

De todos los métodos de adivinación utilizados por los yorubas, Ifá es considerado como el más fiable e importante. Aún en la actualidad, en el área de Agbigba, existen adivinos babalawos que se dedican a consultar públicamente mediante este método de adivinación.

El centro real de la adivinación Ifá recae en los miles de versos memorizados con el propósito de que las doscientas cincuenta y seis respuestas u odduns sean interpretadas. Los versos forman un cuerpo importante de arte verbal que incluyen mitos, cuentos folklóricos, plegaria de nombres, encantos, canciones, proverbios e inclusive rompecabezas de preguntas. En efecto, los versos constituyen sus sagradas escrituras no escritas.

Se dice que el sistema Ifá fue llevado a Ile-Ife por un hombre llamado Orúnmila, quien fue deidificado después de muerto. Se desconoce su origen, pero una antigua historia dice que el profeta Orúnmila (conocido también como Orula), era en realidad Melquiasedec, y que era oriundo de una secta de ascetas llamada esenios.

Los historiadores concluyen que existe un gran parecido entre el oráculo de Ifá y el de los esenios, ya que ambos se basan en los mismos doscientos cincuenta y seis odduns utilizados para catalogar las marcas de la naturaleza.

Algunos han concluido que el profeta aportó sus conocimientos a la civilización egipcia gracias a las asociaciones que se encontraron entre la tradición del Ifá y la del Ojo Místico, antiguo sistema de adivinación de Egipto.

En santería, los santeros y los babalawos utilizan métodos de adivinación diferentes: el opelé y el tablero de Ifá.

El opelé consiste en ocho medallones, hechos usualmente de corteza de coco o de caparazón de tortuga, unidos por una cadena de hierro. Cada medallón es más oscuro en un lado que en el otro. Las combinaciones pueden ser variadas dependiendo de la forma como salgan. Por ejemplo, una combinación de odduns puede estar compuesta por tres medallones oscuros y cinco más claros. Según de la forma en que caiga el collar, así también aparecerá el odduns.

La forma en que el babalawo hace el registro con el opelé es muy parecida a como lo hacen los santeros con los caracoles. El babalawo pone sobre una estera el elemento agua para "refrescar" y purificar la sesión. También utiliza dos Igbos (parecido al de los santeros), que dan la confirmación de iré u ossobo, poniendo cada uno en cada mano del cliente para que cambie los dos objetos de mano en mano sin que el adivino se dé cuenta.

El registro del babalawo comienza de forma muy similar al de los santeros. Éste les reza a las deidades y a los guías espirituales para que lo ayuden en la veracidad del registro. Una vez finalizado los rezos, toma la cadena por el medio y la tira sobre la estera en dirección opuesta, y escribe en un papel una serie de combinaciones (odduns) que luego interpretará. Al final de cada consulta, el adivino, por medio del oráculo, le pregunta directamente a Orula el debido sacrificio que debe hacer el consultado para solucionar el problema que le atañe.

179

Debido a que los babalawos son los adivinos mayores
en la religión, se espera que conozcan un número mayor
de versos que los santeros. Por esta razón, la consulta de los
babalawos es más complicada. Estos versos muchas veces
son consultados para dar un sentido lógico a las creencias
y prohibiciones de la religión, y también para los ritos y
ceremonias religiosas que practican.

El babalawo constituye un punto focal en la religión yoruba tradicional, ya que es él quien canaliza los sacrificios
en las ceremonias y, en ocasiones, puede tratar de curar a
una persona enferma por medio de la adivinación.

La segunda forma que tienen los babalawos para consultar es mediante una bandeja de madera llamada tablero
de Ifá. De todos los oráculos yoruba, este método de adivinación es el más complicado, tanto es así que los babalawos
sólo lo utilizan en casos específicos y especiales.

La bandeja está hecha de la madera del árbol sagrado iroko
(*Chlorophora Excelsa*). Puede ser circular, semi-circular
o rectangular. En su parte superior, tiene esculpida una cara
(normalmente interpretada como la de Eshu) y se sitúa de cara
al babalawo durante el acto de adivinación. Se cree que debe ser
Eshu, por la estrecha relación que existe en los mitos entre
Eshú y Orúnmila.

Además de esta constatación, en las bandejas se encuentra esculpida una iconografía variada que se distribuye por
lo general en una serie de compartimientos, formando un
total de ocho figuras relacionadas con Eshu, es decir, nueve
secciones en total.

El tablero pudo haber sido destinado a la realeza en
África. Los reyes de las ciudades yorubas muchas veces tenían en sus cortes un grupo de babalawos que se dedicaban
sólo a consultarlos con el tablero.

Es utilizado en momentos en que la vida de alguien corra peligro, pero también lo utilizan en ceremonias importantes referentes al cargo del babalawo y para sacar la "letra del año" de un pueblo o país, cuando se quiere saber cómo será su suerte durante el año venidero.

Letra del año de un pueblo o un país

La "letra del año" se lleva a cabo el 1° de enero de cada año. Es una costumbre yoruba extraída de su religión. Aquí se reúnen los babalawos de un país para hacer una serie de ceremonias relacionadas con Orula y luego, estando todos presentes, el babalawo mayor saca el tablero de Ifá y le consulta a Orula qué destino le depara a su país.

En ese momento los babalawos presentes aportan su sabiduría y entre todos comienzan a interpretar el oráculo de Ifá en busca de los consejos que Orula dará para el nuevo año que comienza. Es una ceremonia muy esperada por los creyentes debido a que allí se sabe qué orishas van a defender su país durante ese año, y qué sacrificios son requeridos por los babalawos y los santeros para que los orishas, agradecidos por las ofrendas que les han dado, los ayuden y los protejan en todo momento. En ese momento el babalawo aconseja a los presentes, como mensajero de Orula, para que su año sea próspero y de mucho beneficio para todos.

Para realizar la "letra del año", es necesario que estén presentes por lo menos dieciséis babalawos. La consulta y ceremonia se realiza de la siguiente forma:

El babalawo pone una estera en el suelo y saca la vasija que pertenece a Orula. El recipiente contiene dieciséis ikines o nueces, que el babalawo saca de una palma sagrada, que poseen el ashé de la deidad Orula. Los ikines son necesarios para la consulta del tablero porque con ellos, el babalawo marca el oddun durante el registro.

Antes de la consulta, uno de los babalawos se sienta sobre la estera y comienza a limpiar cada una de las nueces con omiero, preparado con las plantas que pertenecen a la deidad Orula. Luego saca el tablero de Ifá y lo pone sobre la estera junto con una copa llamada "agüere" y esparce dentro del tablero un polvo fino de color amarillo extraído de la madera llamado ierosun. Cuando el babalawo no tiene el polvo fino original, lo sustituye por harina de maíz. Una vez que se tiene todos los elementos presentes, el babalawo sujeta las dieciséis nueces con la mano izquierda y con la mano derecha agarra todas las nueces que pueda.

Según el número de semillas que tome, va haciendo unas marcas en línea vertical con un irofá (cuerno de venado) sobre el polvo amarillo esparcido sobre el tablero de Ifá.

Cuando el babalawo obtiene todas las marcas verticales sobre el tablero, comienza a explicarlas. Las marcas son los odduns de Ifá, y contienen una gran cantidad de historias referentes a los orishas.

Cuando se consulta con el tablero de Ifá, deben estar presentes más babalawos que pueden aportar con sus conocimientos de los odduns.

La consulta a Ifá provee conocimiento sobre el destino del hombre, cuál es su deidad principal, qué cosas debe evitar para obtener su beneficio, e incluso, qué divinidad debe adorar. Provee el significado de los sacrificios necesarios para lograr un mejor destino, para recibir las bendiciones prometidas y vivir a plenitud el tiempo de vida asignado.

La adivinación no sólo ocurrió en las culturas primitivas. En la Roma antigua se utilizó un sistema de adivinación llamado el oráculo de Apolo en Delfos. En Europa también ocurrió, y aún ocurre, con los naipes conocidos como las Cartas del Tarot.

En tiempos modernos, a pesar de los avances tecnológicos y el intento de desacreditar la adivinación, cada vez hay más individuos que optan por utilizarla, ya sea para conocer sus destinos o el de las otras personas. Como nos dice Malinowski (1954), "ambos, magia y religión, surgen en momentos de crisis emocional, pues son un escape donde el hombre busca lo 'sobrenatural'".

En Puerto Rico, cada vez hay más personas consultando a quienes practican las creencias afro-antillanas para que vaticinen su futuro en época de crisis. En el próximo capítulo se expondrá otras corrientes de pensamiento de procedencia africana que se han conservado desde la época de la esclavitud hasta nuestros días, conocidas como espiritismo.

Lo que conocemos como espiritismo

La santería no es la única creencia religiosa aún practicada por muchos puertorriqueños. El *espiritismo* también se practica y ha existido en estas tierras desde la llegada de los esclavos africanos.

El espiritismo se mezcló con la cultura indígena y europea. Los cubanos exiliados introdujeron en Puerto Rico las prácticas de santería, y los creyentes del espiritismo las adoptaron debido a la similitud con sus propias creencias.

A pesar de que la Iglesia Católica presionó por la conversión al cristianismo, no logró por completo su objetivo. Desde tiempos remotos en Puerto Rico, se han mantenido en secreto creencias y prácticas animistas que nada tienen que ver con la doctrina católica, aunque se haya utilizado esa doctrina para sincretizar y esconder todo tipo de cultos africanos.

Esas prácticas se expandieron en lugares alejados donde no hubo educación ni desarrollo económico tan rápido como en otros lugares de la isla. La población se nutrió de creencias heredadas de la tradición popular europea, indígena y africana. El tipo de catolicismo implantado tenía como centro de culto las imágenes católicas. El campesino tomó ventaja de la situación, y a través de esa religión, practicó innumerables ritos llenos de elementos mágicos y animistas.

El culto tuvo dos modalidades:

- La pública, como las fiestas dedicadas a Santiago Apóstol en una aldea al Norte de Puerto Rico llamada Loíza, donde hay elementos sincréticos entre las creencias africanas y la doctrina católica.

- La privada, realizada por el campesino en la intimidad de su casa conocidas como *veladas*. Estas fiestas fueron consideradas como laicas y, a pesar de que las autoridades eclesiásticas intentaron evitarlas por todos los medios, fue imposible.

Estas creencias basadas en la herejía y la hechicería, llegaron a preocupar tanto a las autoridades eclesiásticas que, en mayo de 1519, se nombró al Obispo de San Juan Bautista Alonso Manso como Inquisidor General de Indias.

Las creencias nacieron debido al aislamiento del campesino de la ciudad, San Juan. Mientras en el Sur se desarrollaba una economía agraria con las grandes haciendas azucareras, el campesino del centro del país careció de educación. Debido a esta condición daban un significado sobrenatural a todo lo que le ocurría en su diario vivir. Culpaban a las fuerzas externas por sus enfermedades, y creaban un mundo de entidades con poderes sobrenaturales.

Esto también creó el comienzo del uso de la medicina natural para su curación por medio de baños con plantas mágicas, y de conjuros y oraciones que había aprendido de memoria, probablemente en la misa dominical.

Hoy en día las curaciones por medio de plantas "mágicas" son conocidas como "remedios caseros", que se aprenden y conservan como una tradición familiar. De hecho, forman parte de las creencias de muchos puertorriqueños, ya sea por costumbrismo o por convicción.

La mayoría de los campesinos en Puerto Rico no mostraban interés por los sacramentos de la iglesia, pero efectuaban en sus casas lo que en el centro de la isla se conoció como el *bautismo de agua*. Allí celebraban el bautizo sacramental en la iglesia debido a la lejanía o por la poca frecuencia de las visitas del sacerdote. Se creía que los niños al nacer podían venir rodeados de malos espíritus y que ese bautismo era suficiente para protegerlos.

Esta costumbre fue heredada de la cultura africana e indígena. Allí se daban las ceremonias de bautismo en un río, porque pensaban que el agua de río era suficiente para proteger y purificar a una persona.

La tradición africana todavía es latente en Puerto Rico. Por medio de sus luchas y ceremonias clandestinas, pudieron mantener vivas las creencias y costumbres. El africano mantuvo sus tradiciones, pero se vio forzado a sincretizarlas con el dogma católico cada vez que fue perseguido por las autoridades eclesiásticas de la época colonial.

A partir de este sincretismo nace lo que algunos llaman *afro-catolicismo* y otros *espiritismo*. Prefiero llamarlo *espiritismo criollo,* para diferenciar las prácticas del *espiritismo kardeciano,* doctrina nacida en Francia y que influyó en las creencias afro-católicas.

El espiritismo kardeciano tuvo sus comienzos en Puerto Rico a finales del siglo XIX como un movimiento intelectual, aunque anticlerical. Algunos puertorriqueños que habían ido a estudiar a París y Madrid, introdujeron en la isla textos espiritistas a escondidas de las autoridades españolas.

El espiritismo criollo y el espiritismo kardeciano

Antes de comenzar con el tema del espiritismo criollo en Puerto Rico, debo definir lo que es el *espiritismo kardeciano*, también conocido como *espiritismo* o *espiritismo científico*. Este movimiento surgió en Francia en el siglo XIX, y es el precursor de los estudios sobre el espíritu.

El educador y filósofo francés Denizard Hipolyte Léon Rivali, quien escribió bajo el seudónimo de Allan Kardec, inventó la palabra espiritismo para definir el estudio filosófico del espíritu de los muertos. Escribió en Francia desde 1857 hasta 1869, y su obra más conocida y estudiada se titula *El libro de los espíritus* (1971). Esta fue la doctrina que le dejó a sus seguidores, los cuales aún la siguen con mucha devoción.

Según Kardec, cuando una persona muere, el alma o espíritu permanece durante cierto tiempo en un estado "errante", mientras vuelve a reencarnar en otro cuerpo. Durante ese tiempo, el espíritu se encuentra en todas partes, incluso junto a los humanos, viéndolos y relacionándose con ellos.

Los seguidores de esta filosofía, conocidos como "kardecianos" o "espiritistas", no deben confundirse con quienes practican el espiritismo criollo. Los kardecianos afirman que existen espíritus que no evolucionan y permanecen en la Tierra, perturbando a los humanos y manteniéndolos agobiados. Afirman que a estos espíritus se les puede ayudar con mensajes y oraciones positivas.

Sin embargo, los practicantes del espiritismo criollo, se aprovechan de estos espíritus para hacer daño a otras personas. Creen que, por medio de ofrendas, pueden conseguir lo que quieran de estos espíritus.

Recordemos que estas ideas se originaron en África, y en varios lugares de esa región se rendía culto y ofrendas a los ancestros para conseguir sus favores. Según Allan Kardec, ningún ser humano puede hacer esto. En *El libro de los espíritus*, el filósofo francés afirma que quienes creen en estas cosas son personas timadoras, porque el hombre no puede "comprar" a los espíritus para hacer daño. Según él, si alguien quiere hacer daño a otra persona, basta con desearle el mal para que se le "peguen" espíritus inferiores causándole problemas.

Según Kardec, los espíritus de los muertos continúan participando en el mundo de los vivos y su influencia puede ser de carácter positivo o negativo dependiendo del progreso espiritual de los espíritus. Kardec menciona tres grupos principales:

- Los espíritus de luz o puros
- Los espíritus buenos
- Los espíritus imperfectos o ignorantes

Los espíritus de luz y los espíritus buenos contribuyen al desarrollo personal del individuo y están orientados a realizar el bien.

De acuerdo a lo anterior, se puede deducir que ambas filosofías creen en la reencarnación y en los espíritus, y no fue difícil para los creyentes africanos acoger la filosofía de

Kardec porque así pudieron dar un significado científico a sus creencias.

Kardec fundó la Sociedad Parisina de Estudios Espiritistas. Otros de sus libros famosos incluyen el *Libro de los médiums* (1962), y *El evangelio según el espiritismo* (1953).

Este movimiento fue traído a Puerto Rico por personas como Rosendo Matienzo Cintrón, abogado y político, quien regresó a Puerto Rico el 22 de abril de 1855, a la edad de 29 años, después de haber estudiado en Europa y empapado de las corrientes de pensamiento de Allan Kardec.

Hubo otros estudiosos y filósofos que practicaron el espiritismo en la isla. Se destacan: Manuel Corchado y Juarbe, quien estudió en Barcelona, y el poeta José de Diego. Estos estudiosos no se atrevieron a publicar libros acerca del tema debido a las persecuciones de la iglesia en esa época. A pesar de ello, lograron traer a escondidas de las autoridades españolas los libros de Allan Kardec a Puerto Rico.

A pesar de las persecuciones, se observa en la prosa del poeta sus creencias espiritistas mediante un soneto muy estudiado por los críticos titulado *Sombra*:

"Sombra lejana de un frenesí
Antigua sombra que viene y va
pensaba en ella, cuando la vi
pálida y triste, como ahora está . . .
Cerca del lecho, fijos en mí
aquellos ojos marchitos ya,
era la misma que estaba allí
¿Cómo ha podido volver de allá? . . ."

Existen muchos centros dedicados a practicar la filosofía Kardeciana en Puerto Rico. Allí se practica la meditación y se explica la doctrina en una forma científica. Uno de ellos es el Instituto de Cultura Espírita, fundado en 1881. Sólo asistían personas con un alto nivel educativo. Sus seguidores opinan que para ser un buen kardeciano, es necesario conocer y analizar a fondo la filosofía. También se debe saber al menos dos idiomas pues los espíritus pueden comunicarse en varios idiomas. Una persona ilustre podría tratar de comunicarse con uno de los presentes, y si la persona no es culta, quizás no transmita con exactitud el mensaje de ese espíritu a los miembros del grupo.

También se suele llamar espiritistas a los que practican las creencias africanas que se sincretizaron con el dogma católico. Si comparamos estas creencias con la filosofía kardeciana, ambas coinciden en algunos puntos. Ambas creen en la reencarnación y en que se pueden comunicar con sus antepasados fallecidos. No creen en un demonio o en un infierno, sino en energías positivas y negativas.

El parecido de ambos estilos de pensamiento propició que los esclavos y campesinos se interesaran por el estudio del espiritismo kardeciano, gracias al cual pudieron darle un significado socialmente aceptable a sus creencias religiosas.

En Puerto Rico hay quienes afirman llamarse espiritistas, pero sólo los kardecianos pueden serlo. Según los seguidores de esta doctrina, la palabra *espírita* o *espíritu,* proviene de lo que precisamente se estudia en la filosofía kardeciana.

Esto es desconocido para muchos puertorriqueños, quienes suelen llamar de esta forma tanto a los practicantes de santería como a los de otros cultos africanos (aún a quienes practican el pensamiento kardeciano).

Lo anterior molesta a los kardecianos, ya que su práctica es esencialmente científica, mientras que el espiritismo criollo es una mezcla de lo kardeciano, el catolicismo y las creencias animistas y fetichistas del africano. Prefieren llamarse "kardecianos" para referirse a los miembros de su movimiento y dejar el nombre de "espiritistas" para quienes practican las creencias africanas.

Los kardecianos están en desacuerdo con los cultos africanos y dicen que esas prácticas no son necesarias para comunicarse con los espíritus. La meditación es su medio para entrar en contacto con los espíritus, mientras que los seguidores del espiritismo criollo, utilizan la posesión. También consideran que las creencias africanas van dirigidas hacia la sanación por medio de remedios caseros, conjuros y el trance, mientras que ellos no se valen de estas cosas.

Los kardecianos no utilizan imágenes de santos ni vírgenes en sus centros de reunión, sólo las fotografías de diferentes próceres puertorriqueños precursores de este movimiento. No entran en trance o posesión, sólo llevan a cabo meditaciones y técnicas de relajación, en donde utilizan la música clásica para su concentración y poder entrar en "contacto" directo con los espíritus.

Centros espiritistas en Puerto Rico

El espiritismo criollo en Puerto Rico carece de homogeneidad por no tener una autoridad que lo guíe. Debido a que la sociedad estigmatiza estas prácticas, quienes asisten a dichos centros lo hacen en secreto por el miedo a ser rechazados o atacados. A pesar de ello, muchos asisten ya sea por fe o por curiosidad.

Según el espiritismo criollo, cuando una persona nace, trae consigo espíritus que lo guían y protegen durante toda su vida. El espíritu acompañante puede ser el de un familiar fallecido o el de alguien con quien siente afinidad. El espíritu(s) se convierte en su guía. Le advierte de peligros por medio del sueño, el trance o la posesión. A través de este guía el individuo comienza a desarrollar facultades para vaticinar el futuro y para dar remedios caseros de curación. Son llamados "cuadro espiritual".

En los centros espiritistas existen fetiches que simbolizan las características del "cuadro espiritual". En el espiritismo criollo, al igual que en la santería, los creyentes utilizan un lugar de la casa para colocar sus objetos de culto. Si alguien tiene en su "cuadro espiritual" el espíritu de un africano, es posible encontrar entre sus objetos religiosos la figura de un africano cuya indumentaria recuerda la época de la esclavitud. A su alrededor habrá una vela, un collar, un cigarro u otros objetos que, según estos, eran del agrado de ese espíritu en vida.

Las ofrendas para esos espíritus son reveladas al individuo por el "guía espiritual", mediante sueños o la posesión. Pueden revelar su nombre en vida cuando el espiritista cae en su posesión. Cuando hablan de su guía(s), lo hacen como si estuvieran vivos.

Muchas veces estas muñecas negritas, las cuales se conocen como madamas, están sentadas en una sillita, desde donde cuidan a los habitantes de la casa, algo así como el Elegguá de los yorubas. Son respetadas por sus dueños, y al igual que los santeros, les hacen regalos para ganar sus favores y bendiciones.

Las costumbres espiritistas están basadas en las creencias del africano. En la tradición yoruba es importante la atención a los antepasados (egguns). Este modo de ver la vida es característico de su cultura y va más allá de un reflejo religioso. Sus principios filosóficos se orientan a resaltar de forma fehaciente el valor que tenía la persona cuando vivía, recordando sus aptitudes.

Es casi obligatorio mantener la conexión con estos seres después de su muerte (como una recompensa por lo bueno que hicieron en vida), y para ser protegidos, guiados y aconsejados desde el otro mundo.

Debido a que el yoruba creía que cuando alguien moría su espíritu habitaba en los objetos que ellos fabricaban, eran considerados como algo sagrado y formaban parte de su hábitat. Esto explica el papel que desempeñan los muñecos y madamas en la creencia espiritista.

Los seguidores del espiritismo criollo, al igual que los santeros, creen en la posesión. A diferencia de los santeros, caen en posesión por los espíritus que los guían y no por deidades. Aunque existen muchos santeros que son espiritistas, tienen como norma separar una creencia de otra.

Los espiritistas hacían veladas en sus casas donde llevaban a cabo ese tipo de sesiones. Después de la llegada de los cubanos a partir de la década del 60, estas veladas se convirtieron en misas espirituales.

Ambas ceremonias tienen mucho en común. Hoy en día las misas espirituales se celebran en centros dedicados al culto, aunque también pueden hacerse en sus casas con un grupo reducido de personas. A diferencia de la santería, no son secretas, y toda persona puede asistir a las sesiones.

Tanto en los centros como en las casas de los espiritistas, al comenzar una sesión, deben existir unos objetos que forman parte del culto. Primero que todo se encuentra una mesa con un mantel blanco. El mantel significa pureza, y muchos llaman a estas prácticas con el nombre de "mesa blanca" o "mesa de paz y justicia".

Sobre la mesa se encuentra un crucifijo como muestra del sincretismo del dogma católico. Durante la sesión, se rezan oraciones que pertenecen al cristianismo, que provienen del libro *El evangelio según el espiritismo*, de Allan Kardec, y relativo a su filosofía.

Sobre la mesa hay una copa de cristal llena de agua, para purificar el ambiente, velas blancas para que los espíritus que vengan tengan luz espiritual, flores, cigarros y sahumerio. El sahumerio es una mezcla de inciensos que se encienden sobre un carbón y el recipiente imita al incensario que utiliza el sacerdote en la Iglesia Católica.

Ron y pañuelos de diferentes colores también son utilizados. Al frente de la mesa se coloca un recipiente grande lleno de agua, pétalos de rosa blanca y agua florida, que se utiliza para que los presentes se despojen de toda energía negativa que puedan haber traído consigo y así la sesión sea de mayor provecho.

La sesión comienza con la lectura de *El evangelio según el espiritismo* y *La colección de oraciones escogidas,* del mismo autor. Se reza para que los guías espirituales vengan a la Tierra a ayudarlos en la sesión y para que los espíritus ignorantes y del mal no entren a la misa a causar daño a los presentes. Al terminan de rezar, los presentes se relajan y utilizan el olor fuerte del agua florida para adelantar su posesión.

Antes de caer en posesión, los creyentes se sienten mareados y al regresar de la posesión, no recuerdan nada, pero saben que estuvieron en posesión porque se sienten cansados y con dolor en el cuello. Se cree que cuando un espíritu baja a posesionarlo, entra y sale por la parte posterior del cuello.

Durante la posesión, el guía espiritual puede pedir alcohol o alguna ropa en especial. La persona en posesión puede venir a dar un mensaje, un consejo, a curar una persona enferma, a "limpiar" la casa o a alguien de influencias negativas. También puede romper lo que ellos llaman un "trabajo" (hechizo o brujería).

En el espiritismo criollo se cree que es posible comprar el espíritu de un muerto para hacerle daño a un mortal. Durante una misa espiritual observé que uno de los presentes mencionó que alguien había enviado a esa casa un espíritu ignorante para hacer daño. Debido a ese comentario, la espiritista que presidía la mesa derramó un poco de ron, miel y algunas monedas en el suelo y dijo que ya no había peligro, porque había comprado el espíritu y que ahora trabajaría para ella.

El espiritista está convencido de que sus hechizos o brujerías funcionan para hacerle el bien o el mal a una persona. También creen que pueden, por medio de un objeto a distancia, lograr que una persona sienta dolor. Este es el caso de las muy conocidas muñecas de vudú. Este tipo de magia es la que Frazer (1994), llamó *magia simpatética*.

El espiritista también utiliza los poderes de "la magia contaminante" para hacer daño. Según Frazer, se refiere a la relación mágica que se cree que puede existir entre una persona y las partes de la misma. Puede ser el cabello, parte de una uña, etc.

Existe la creencia que al conseguir un cabello humano o las uñas de una persona, se podrá actuar sobre ella a cualquier distancia. En ocasiones el espiritista le puede pedir a su cliente algo que pertenezca a la persona a quien se le quiere hacer un hechizo, por ejemplo, su ropa interior, un vaso que haya usado, etc. Piensan que de esa forma el hechizo dará mejor resultado.

El espiritismo criollo, al igual que la santería, cree en la adivinación, pero sus sistemas no son tan complicados. El espiritista puede utilizar los naipes, el tarot u otros objetos para adivinar.

En el caso de sanar, utiliza la posesión y los consejos ofrecidos por sus guías espirituales, o la ayuda del santoral católico, y pide con fe a estas imágenes porque cree que son milagrosas y pueden curar.

El santoral medieval europeo no incluye muchas figuras de otras etnias. En el Nuevo Mundo, para que la evangelización fuera efectiva, se veían santos y vírgenes que reflejaban la pluralidad racial que caracterizó a estas nuevas tierras.

San Martín de Porres, la mexicana Virgen de Guadalupe y la cubana Caridad del Cobre (sincretizada con Oshún) son los ejemplos más destacados de esta tendencia. Todo esto ocasionó que se acelerara aún más el sincretismo en Puerto Rico y otras islas del Caribe. Los rostros de imágenes católicas de color más oscuro se encuentran con frecuencia en casa de los espiritistas, y se les pide con más devoción en momentos difíciles.

Debido a la gran demanda que tuvieron los santos "negros" entre los creyentes del espiritismo criollo, su fabricación se hizo muy popular durante el siglo XX. Las imágenes eran hechas de madera y en su mayoría fabricadas por los campesinos quienes crearon magníficas obras de arte.

Los espiritistas tienen mucho fervor por el santoral católico. En sus casas se pueden encontrar velones con las imágenes de los santos, incluso con la imagen de un santo dibujada en el cristal y el color de la vela del mismo color con el que se identifica al orisha.

En el espiritismo criollo también existe el sincretismo de las deidades africanas y las imágenes católicas. A pesar de que en Puerto Rico las creencias no se mantuvieron homogéneas como las que se formaron en Cuba con la santería, los esclavos yoruba continuaron llegando hasta finales del siglo XIX. Ese factor propició la semejanza del espiritismo criollo con la santería.

Los siguientes son cuadros comparativos entre las creencias de los espiritistas y los santeros.

Similitudes entre las prácticas de la santería y el espiritismo criollo

Santería	Espiritismo
Sincretizan a las deidades yorubas con los santos católicos.	Sincretizan a las deidades yorubas con los santos católicos, aunque sólo conocen a Oshún, Changó, Yemayá, Elegguá y Babalú-Ayé.
Realizan aguas a base de plantas para ayudar a alguien a mejorar su estado espiritual o mental. Piden a quien quieren ayudar que se bañe con esta agua.	Realizan aguas a base de plantas para curar enfermedades y promover la prosperidad. Piden a quien quieren ayudar que se bañe con esta agua.
Utilizan collares que se identifican con las deidades yorubas.	Utilizan collares que se identifican con las deidades yorubas, pero sólo los collares de las deidades: Oshún, Changó, Yemayá, Elegguá y Babalú-Ayé.
Creen en la adivinación y las realizan mediante: cocos, caracoles, el tablero de Ifá y el opelé.	Creen en la adivinación y las realizan mediante naipes o mediante las videncias que realizan durante las misas espirituales.

199

Similitudes entre las prácticas de la santería y el espiritismo criollo (continuación)

Santería	Espiritismo
Ponen ofrendas a las deidades yorubas sobre las soperas.	Ponen ofrendas a las deidades yorubas frente a las imágenes de los santos católicos.
Visten de color blanco durante las ceremonias.	Visten de color blanco durante las misas espirituales o, en su defecto, de color blanco junto con el color de su deidad principal o el color de su madama.
Entran en posesión por los orishas.	Entran en posesión por sus "guías espirituales".

Diferencias entre las prácticas de la santería y el espiritismo criollo

Santería	Espiritismo
Practican una gran cantidad de ceremonias pre-iniciáticas, iniciáticas y post-iniciáticas.	No practican ceremonias de iniciación.
Representan a sus deidades yorubas mediante las soperas.	No tienen soperas para representar a sus deidades yorubas, lo hacen mediante las imágenes de los santos católicos, así como representan a sus guías espirituales mediante tallas en madera o muñecas hechas de goma.
Realizan ceremonias de toque de tambor a sus deidades.	Realizan misas espirituales durante las cuales oran y cantan a sus deidades o a sus guías espirituales.
Actualmente muchos de los santeros sincretizan menos a sus deidades africanas con los santos católicos, a no ser que sean espiritistas además de ser santeros.	Los espiritistas continúan sincretizando a sus deidades con las imágenes de los santos católicos.

Capítulo 7

LA FUNCIÓN DE LAS BOTÁNICAS EN LA SANTERÍA Y EL ESPIRITISMO

Como hemos podido establecer, tanto la santería como el espiritismo criollo, requieren de una cantidad de objetos religiosos para realizar sus ceremonias, los cuales pueden encontrarse en establecimientos conocidos como botánicas. A mediados del siglo XX, las botánicas eran pequeñas tiendas de pueblo donde se encontraban artículos religiosos, velones y algunas aguas y aceites que se usaban como ungüentos para sanar. En la actualidad, están esparcidas por casi toda la isla y disponen de una diversidad de objetos religiosos para las prácticas de santería.

En México, Estados Unidos y España existen botánicas similares a las de Puerto Rico. En Madrid, por ejemplo, son muy populares y algunas ofrecen videos de ceremonias santeras. En Puerto Rico, la mayoría son pequeñas y los objetos no son tan accesibles al público.

En Puerto Rico existen unas sesenta y seis botánicas y la mayoría están localizadas en la zona Sur y Norte. En esos lugares es donde existe una gran cantidad de santeros debido a una mayor influencia africana.

Las botánicas son más comunes en la parte Norte por encontrarse cerca de la capital, San Juan, y por ser más densamente poblada. Allí predominan las casas de santo (aproximadamente unas cincuenta y siete), sin contar todos los ahijados de la casa. Debido a la influencia cubana de los años sesenta, la mayoría de las botánicas son atendidas por santeros cubanos. En la parte Sur, su popularidad quizás se deba a la población esclava que allí se estableció.

Los dueños de estos establecimientos son por lo general espiritistas y/o santeros, o conocedores de estas creencias de origen africano. También se caracterizan por ser muy comercializadas, al igual que los objetos de culto que ofrecen. Hay algunas que prestan más atención a los objetos de culto de santería y en otras a los del espiritismo, según las creencias que practique su dueño.

A veces se llevan a cabo iniciaciones en santería en esos lugares por la facilidad de encontrar a la mano los objetos necesarios para el ritual. En una ocasión, una señora llegó a una botánica con una lista de velas, jabones, aceites e inciensos que una espiritista le había solicitado para hacer un "trabajo". La señora no tenía idea de lo que iba a comprar porque era la primera vez que entraba a uno de estos sitios. La dueña del establecimiento la guió en la compra y luego le explicó cómo debía utilizar los objetos. Sin embargo, aclaró con insistencia que si la espiritista le había explicado cómo utilizarlos, tenía que seguir esas instrucciones, pues la espiritista conocía su caso y ella no.

Las botánicas se colaboran entre sí para que sus clientes puedan encontrar lo que buscan. Muchos de estos establecimientos llevan el nombre de santos católicos, palabras y deidades de origen africano. Pueden estar ubicados en la casa del propio dueño, o pueden ser negocios grandes donde venden toda clase de artículos relacionados con santería o espiritismo. Existen también grandes almacenes que suplen productos a las botánicas.

Muchos de los productos vienen de Miami, Nueva York, Venezuela, Santo Domingo. En Puerto Rico se preparan las aguas, jabones, aceites (algunos vienen de Venezuela), collares de mazo y collares de los orishas, que pueden ser elaborados por santeros.

Allí se pueden encontrar aceites de aromaterapia, polvos de colores, muñecas de trapo, velas con siete mechas, pulseras de cuarzo, crucifijos, libros sobre espiritismo y santería, cartas de tarot, baños para despojos, aguas para limpiar la casa o la oficina, agua florida, novenas a los santos, estampillas de todos los santos, diferentes colonias, talismanes, collares, lámparas de aceite, velones, inciensos, jarrones chinos, la piedra de elegguá, mazos, objetos de culto de orisha-oko, etc.

También puede haber objetos religiosos que pertenecen al dueño del establecimiento (santeros o espiritistas), ya que en ocasiones se dedican a consultar a los clientes.

Los espiritistas y santeros son visitados por personas con todo tipo de problemas: víctimas de un trabajo de brujería, con problemas judiciales, de amor, de salud, o porque creen que un espíritu los persigue o los ha abusado sexualmente. Sin importar el caso, sirven a sus clientes como confidentes o consejeros espirituales.

La cultura africana ha dejado en el pueblo puertorriqueño una huella imborrable que perdura hasta nuestros días, en especial en los pueblos de la costa Sur donde se dio el auge azucarero en el siglo XIX, y en el Norte, donde predominan las casas de santo.

Conclusiones

Las raíces de la santería en el Nuevo Mundo provienen de Nigeria, lugar de procedencia del pueblo yoruba, y traídos a América por los europeos en calidad de esclavos.

En países como Cuba las creencias del yoruba se mantuvieron escondidas bajo el velo de la religión católica, gracias a la lucha del esclavo por preservarlas.

Los cabildos y estrategias que utilizó el esclavo, fueron de vital importancia para que el africano conservara sus costumbres en secreto, transformándose en lo que hoy conocemos como santería.

En Puerto Rico, los barracones se convirtieron en refugios legales para los esclavos donde pudieron ocultar sus creencias por medio de los cantos de bomba en su lengua natal.

La influencia de la evangelización y los cabildos en Cuba ocasionó cambios en la cultura del yoruba. En África, el culto a las divinidades estaba separado; cada deidad reinaba en una región. En Cuba, los africanos rendían culto a todas sus deidades a la vez. Quizás la diversidad de pueblos que coincidieron en Cuba no permitió que se diera el culto a una sola deidad. También es posible que debido a que en la religión católica todos los santos eran adorados en forma uniforme, los esclavos hubieran decidido hacer lo mismo con sus deidades.

Cabe resaltar que los mitos de las deidades africanas son muy semejantes a las vidas de los santos católicos. Quizás las historias de los santos contadas por los sacerdotes pudo haber ocasionado el sincretismo religioso. El esclavo inventó nuevos mitos para justificar que sus deidades eran tan benignas e importantes como lo eran los santos para los católicos.

Si bien el término sincretismo es muy polémico en el campo de la antropología, es el más aceptado para los estudios de las prácticas "afro-antillanas" realizados en Cuba y en otras islas del Caribe. El término se ajusta muy bien a la hora de explicar el camuflaje y las creencias que perduran en Cuba y Puerto Rico con relación al culto de los orishas.

La santería en Puerto Rico se ha ido formando paulatinamente desde la llegada de los cubanos a la isla. Por medio de los appatakies se han clarificado muchas de las prácticas, rituales y actos de los santeros en esta religión.

Los mitos expuestos en esta obra permiten entender mejor la filosofía de los yorubas y, a pesar de que no ha sido tarea fácil rescatarlos por la renuencia de los santeros a hablar de sus creencias, es gratificante haberlo logrado. Como siempre se ha dicho, "los mitos son la historia de los pueblos sin escritura".

Las creencias animistas y fetichistas no surgieron sólo de los esclavos que llegaron a Puerto Rico procedentes de las costas africanas. También fueron influidas por aquellos que llegaron de Haití a partir de 1630, así como los procedentes de las colonias francesas, inglesas y holandesas. De allí arribaron esclavos de la cultura ewe y fon de Dahomey, y se establecieron al Norte de la isla, en San Mateo de Cangrejos, perdurando hasta nuestros días en el barrio de Santurce, en Río Piedras, al Norte de Puerto Rico.

Las creencias afro-antillanas mantienen elementos de la doctrina católica, impuesta por el evangelizador, dando paso al "afro-catolicismo" o espiritismo criollo.

Mediante las botánicas en Puerto Rico, los espiritistas y santeros comercializaron los objetos del culto favoreciendo la continuidad de las creencias.

La cultura africana aún se deja sentir en la sociedad puertorriqueña mediante los bailes y cantos de los festivales de bomba. Sin embargo, a la vez discrimina otras creencias como el palo mayombe, la santería y el espiritismo criollo.

Quizás estas creencias aún se mantienen vivas por convicción o costumbrismo, a pesar de que la Iglesia Católica las tildó de tribales, o de pueblos sin civilización. También, debido a la falta de confianza en su destino, el hombre se ve impulsado a consultar los oráculos y a pedir con fe a sus divinidades y ancestros para que concedan sus peticiones por medio de la oración y las ofrendas.

Dicen que "la fe mueve montañas", y esto ha sido el motor que ha mantenido viva sus creencias desde la esclavitud.

En ocasiones me pregunto cómo es posible convencer a personas incrédulas para que se integren a este tipo de creencias. Creo que se debe en parte a la herencia cultural africana que se mantiene vigente en la sociedad puertorriqueña, y por la influencia nativa que los taínos (antiguos habitantes indígenas de esta isla) tenían con sus creencias animistas y fetichistas, muy parecidas a las del africano.

La clandestinidad de esas creencias prevalece hasta nuestros días, pero no sé si es debido a la tradición o por el miedo a ser juzgados. Quienes practican este tipo de creencias son vistos como personas con trastornos mentales.

Si la sociedad sigue estigmatizando estas creencias y marginando a sus practicantes, será difícil conocer más de cerca todos los secretos que las envuelven. Si son aceptadas como un hecho cultural, habrá un mayor conocimiento y entendimiento de las mismas y dará paso a que florezca una uniformidad de culto.

La doctrina católica no es la única que rechaza este tipo de creencias. Las nuevas tendencias de orden cristiano que se han formado en Puerto Rico afirman que esos cultos son de carácter satánico.

El objetivo final de este libro es dar a conocer la raíz de estas creencias y demostrar en forma objetiva y científica que la influencia africana ha sido un hecho histórico y cultural, sin nada que ver con cultos satánicos, ni mucho menos con trastornos psicológicos.

No existen culturas inferiores, sólo diferentes. El hecho que tengamos diferentes creencias a la de otro grupo social, no significa que las nuestras sean mejores. Debe prevalecer la objetividad científica. Muchas veces el etnocentrismo no permite llegar al núcleo vital de las religiones y las culturas del mundo.

Mediante esta obra se ha ofrecido al lector el origen de las creencias en santería y su continuidad hasta la actualidad, para que tanto los creyentes como los no creyentes, experimenten un encuentro con las raíces de esta religión.

Tabla de plantas de los Orishas

Orisha	Nombre de la planta	Nombre científico
Oddúa	Ceiba	*Ceiba Pentandra, (L.)*
	Curujey	*Tillandsia Argentea, (L.)*
	Llantén	*Plantago Major, (L.)*
	Piña de los alambres	*Tillandsia Recurvata, (L.)*
	Trepadera	*Hedera Helix, (L.)*
	Yedra	*Anredera Leptostachys, (L.)*
Obatalá	Aroma	*Acasia Farnesiana, (L.) Wild.*
	Achicorria	*Cichorium Intybus, (L.)*
	Aguinaldo blanco	*Rivea Corymbosa, (L.) Hall*
	Agracejo	*Gossypiospermun Eriophorus, Sw.*
	Alacrancillo	*Heliottropium, (L.)*
	Almendrón	*Prunus Occidentalis, Sw.*
	Algodón	*Glossypium Barbadense, (L.)*
	Anón	*Annona Squamosa, (L.)*
	Atipolá blanco	*Celosia Argentea, (L.)*
	Belladona (chamisco)	*Datura Stramonium, (L.)*
	Campana	*Datura Sauveoleus, H.B.K.*
	Canutillo blanco	*Datura Stramonium, (L.)*
	Ceiba	*Ceiba Pentandra, (L.)*
	Chirimoya	*Annona Cherimolia, Mille.*
	Corazón de paloma	*Annona Reticulada, (L.)*
	Eucalipto	*Eucalyptus Globulus, Labill*

Orisha	Nombre de la planta	Nombre científico
Obatalá (**continuación**)	Frescura (parietaria)	*Peperomia Pellucida, (L.)*
	Flor de agua	*Eichornia Azunea, Kunth.*
	Flor de mayo	*Laelia Anceps, Lin.*
	Guanábana	*Annona Muricata, (L.)*
	Higuereta	*Ricinus Communis, (L.)*
	Hierba de burro	*Pseudolephantopus Spicatus (B.) Juss. Ex Aubl)*
	Humo	*C.F. Baker*
	Llantén	*Pithecolobium Ovovale, A.Rich.*
	Malva blanca	*Plantago Major (L.)*
	Mejorana	*Malachra Fasciata, Jacq.*
	Mango	*Origanum Marjorana, (L.)*
	Paraíso	*Mangifera Indica (L.)*
	Piñón de botija	*Melia Azederach, Lin.*
	Remolocha	*Jatropha Curcas, (L.)*
	Saúco blanco	*Sambucus Mexicana Pres.Ex A. DC.*
Orula	Aceitunillo	*Aextoxicon Punctatum*
	Aguinaldo morado	*Ipomea Crassocaulis, Benth*
	Almorejo	*Setaria Viridis (L.)*
	Ceiba	*Ceiba Pentandra*
	Ciruela (jobo francés)	*Spondias Purpurea (L.)*
	Higuereta	*Ricinus Communis (L.)*
	Papayo (lechosa)	*Carica Papaya (L.)*

213

Apéndice

Orisha	Nombre de la planta	Nombre científico
Elegguá	Aceitillo	*Zanthoxylum Flavum Vahl.*
	Aguacate	*Persea Americana Mill.*
	Aguinaldo morado	*Ipomea Crassocaulis, Benth*
	Ají (african chillies)	*Capsicum Frutescens (L.)*
	Alacrancillo	*Heliotropium*
	Ateje cimarrón	*Cordia Sulcata Dc.*
	Bledo blanco	*Amaranthus Viridis*
	Caña brava	*Bambusa Valgaris, Schrad.*
	Cardo santo	*Argemone Mexicana (L.)*
	Espartillo	*Achnatherum Caudatum*
	Grama de caballo	*Eleusine Indica, (L.)*
	Guayabo	*Psidium Guajava (L.)*
	Hedionda	*Cassia Occidentalis, (L.)*
	Helecho macho	*Andiatum Capillus-Veneris, (L.)*
	Jobo	*Spondias Mombin, (L.)*
	Lechera (lechecillo)	*Shamaesyce Hirta (L.) Millsp.*
	Mastuerzo	*Lepidium Virginicum (L.)*
	Pata de gallina	*Eleusine Indica, Gaerth.*
	Paraíso	*Melia Azederach, Lin.*
	Pendejera	*Solanum Torvum, Sw.*
	Perejil	*Petroselinum Crispum (Mill.)*
	Peronía	*Nyman Ex A. W. Hill*
	Rabo de zorra	*Paeonia Broteroi*
	(yerba de zorra)	*Digitaria Insularis (L.) Mez*
	Salva lección	*Hedera Helix (L.)*
Yemayá	Aguacate	*Persea Americana Mill.*
	Albahaca	*Ocinum Basilicum (L.)*
	Ají dulce	*Capsicum Annuum, (L.)*
	Añil	*Indigofera Suffruticosa Miller.*
	Belladonna (chamisco)	*Datura Stramonium (L.)*
	Ciruela (jobos francés)	*Spondias Purpurea (L.)*

Orisha	Nombre de la planta	Nombre científico
Yemayá (continuación)	Cucaracha	*Zebrina Pendula, Schniz.*
	Flor de agua	*Eichornia Azunea, Kunth.*
	Guácima	*Guazuma Ulmifolia Lam.*
	Helecho paraguita	*Adiantopsis Radiata*
	Incienso de playa	*Tournefortia Gnaphallodes, R.Br.*
	Lechuguilla de agua	*Pistia Stratiotes (L.)*
	Malanga	*Xanthosoma Sagittifolium*
	Mazorquilla	*Acalypha Alopecuroides Jacq.*
	Meloncillo	*Curcubita Foetidissina, H.B.K.*
	Túatúa	*Jathropha Gossypifolia (L.)*
	Uva de mar	*Coccoloba Uvifera (L.) (L.)*
	Verbena	*Stachytarpheta Jamaicensis (L.) Vahl.*
	Verdolaga	*Portulaca Oleracea (L.)*
	Yerba de anís	*Pimpinella Anisum (L.)*
Changó	Aguacate	*Persea Americana Mill.*
	Algarrobo	*Hymenaea Courbaril (L.)*
	Álamo	*Ficus Religiosa, Lin.*
	Alcanfor	*Cinnamommun Camphora T. Ness & Eberm.*
	Canistel	*Pouteria Campechiana, H.B.K.*
	Cedro	*Cerela Mexicana, M.J. Roem.*
	Ciruela (jobos francés)	*Spondias Purpurea (L.)*
	Cordobán	*Tradescantia Discolor, (L.) Her.*
	Flamboyán	*Delonix Regia, Raf.*
	Geranio	*Pelargonium Odoratissimum*
	Grosella	*Phyllantus Acidus, (L.) Skeels*
	Guano blanco	*Copernicia Glabrescens, H. Wendl.*
	Guano prieto	*Copernicia Wrightii, Gris. Wendl.*
	Guacalote	*Caesalpinia Glaucophylla*
	Jagüey	*Ficus Membranacea, C. Wright.*
	Malva blanca	*Malachra Fasciata Jacq.*
	Mamey rojo	*Pouteria Sapota, Jacq.*
	Mazorquilla	*Acalypha Alopecuroides, Jacq.*

215

Orisha	Nombre de la planta	Nombre científico
Changó (continuación)	Palma de coco	*Cocos Nucifera, (L.)*
	Peonía	*Paeonia Broteroi*
	Piñón de botija	*Jatropha Curcas*
	Quimbombó	*Abelmoschus Esculentus, L(L.) Moench.*
	Romero	*Rosmarinua Officinalos, Lin.*
	Trébol	*Trifolium Sp.*
	Verdolaga	*Portulaca Oleracea, (L.)*
	Yagrumo	*Cecropia Peltata, (L.)*
	Yerba hedionda	*Cassia Occidentalis, Lin.*
	Yerba buena	*Mentha Nemorosa Wild.*
Oshún	Alacrancillo	*Heliotropium*
	Algarrobo	*Hymenaea Courbaril (L.)*
	Almácigo	*Bursera Simaruba, (L.) Sarg.*
	Anamú	*Petiveria Alliacea, (L.)*
	Anón	*Annona Squamosa, (L.)*
	Anís	*Pimpinella Anisum, (L.)*
	Añil	*Indigofera Suffruticosa Miller.*
	Botoncillo	*Conocarpus Erectus, (L.)*
	Caimito	*Chrysophyllum Cainito, (L.)*
	Calabaza	*Curcubita Pepo, (L.)*
	Campana	*Datura Sauveoleus, H.B.K.*
	Canela	*Cinnamomum Verum Presl.*
	Cerraja	*Sonchus Oleraseus*
	Curujey	*Tillandsia Argentea, (L.)*
	Flor de agua	*Eichornia Azunea, Kunth.*
	Girasol	*Helianthus Annuns, Lin.*
	Granado	*Punica Granatum, (L.)*
	Grosella	*Phyllantus Acidus, (L.) Skeels*
	Guásima	*Guazuma Ulmifolia Lam.*
	Helecho culantrillo	*Adiantum Tenerum, Sw.*
	Hierba linda	*Peperomia Rotundifolia, (L.) H.B.K.*
	Ítamo real	*Pedilanthus Tithymaloides*

Orisha	Nombre de la planta	Nombre científico
Oshún (**continuación**)	Mamey	*Mammea Americana, (L.)*
	Mejorana	*Origanum Marjorana, (L.)*
	Paraíso	*Melia Azederach, Lin.*
	Resedá	*Moringa Oleifera, Lam.*
	Romerillo	*Bidens Pilosa, (L.)*
	Rompezaraguey	*Eupatorium Odoratum, Lin.*
	Salvadera	*Hura Crepitans, Lin.*
	Trepadera	*Hedera Helix (L.)*
	Yamao	*Guarea Trichiloides, Lin.*
	Yerba mora	*Solanum Americanum, Miller*
Oyá	Ateje	*Cordia Collococca*
	Caimito	*Chrysophyllum Cainito, (L.)*
	Cardo santo	*Argemone Mexicana, (L.)*
	Cucaracha	*Zebrina Pendula, Schniz.*
	Culantro	*Coriandrum Sativum, (L.)*
	Cordobán	*Tradescantia Discolor, (L.) Her.*
	Cupeillo	*Cordia Globosa, Jacq. H.B.K.*
	Flamboyán	*Delonix Regia, Raf.*
	Júcaro bravo	*Bucida Buceras, Lin.*
	Mamey rojo	*Pouteria Sapota, Jacq.*
	Manto	*Crossopetalum Rhacoma, Crantz.*
	Perejíl	*Petroselinum Crispum (Mill.)*
	Reina de la noche	*Selenicereus Grandiflorus (L.)*
	Tamarindo	*Tamarindus Indica, (L.)*
	Yagruma	*Cecropia Peltata, (L.)*
Oggún	Albahaca	*Ocimun Basilicum, (L.)*
	Acana	*Bassia Albescens, Griseb.*
	Aguacate	*Persea Americana Mill.*
	Ají de chile	*Capsicum Anuum, (L.)*
	Álamo	*Ficus Religiosa, Lin.*
	Aromo	*Cleome Spinosa, Jacq.*
	Cundeamor	*Momordica Charantia, (L.)*
	Escoba amarga	*Scoparia Dulcis, (L.)*

Orisha	Nombre de la planta	Nombre científico
Oggún (continuación)	Eucalipto	*Eucalyptus Globulus, Labill*
	Flor de muerto	*Clerodenpron Philippinnum, Shauer.*
	Lengua de vaca	*Pseudolephantopus Spicatus (B. Juss. Ex Aubl.)*
	Mangle prieto	*Avicennia Germinans, (L.)*
	Peonía	*Paeonia Broteroi*
	Pomarrosa	*Syzygium Jambos, (L.) Alston.*
	Romerillo	*Bidens Pilosa, (L.)*
	Zapote	*Pouteria Sapota (Jacq.)*
	Saúco	*Sambucus Mexicana Press. Ex A. DC.*
	Vicaria	*Vinca Rosea, Lin.*
	Yerba mora	*Solanum Americanum, Miller*
	Zarza blanca	*Momisia Iguanaea, Jacq.*
	Zarzaparrila	*Smilax Domingensis Wild.*
Ochosi	Almendrón	*Prunus Occidentalis, Sw.*
	Cedro	*Cerela Mexicana, M.J. Roem.*
	Guamá	*Inga Fagifolia (L.) Wild.*
	Helecho culantrillo	*Adiantum Tenerum, Sw.*
	Sauce	*Salis Chilensis, Molina*
Babalú-Ayé	Albahaca	*Ocimun Basilicum, (L.)*
	Apazote	*Chenopodium Ambrosioides, (L.)*
	Aromo	*Cleome Spinosa, Jacq.*
	Caisimón de anís	*Pipper Auritum*
	Cardón	*Selenicereus Grandiflorus, (L.)*
	Cundeamor	*Momordica Charantia, (L.)*
	Escoba amarga	*Scoparia Dulcis, (L.)*
	Estropajo	*Luffa Aegyptica, Miller.*
	Henequen	*Agave Fourcroydes, Lemarie*
	Manto	*Crossopelatum Rhacoma, Crantz.*
	Mejorana	*Origanum Marjorana, (L.)*
	Pendejera	*Solanum Torvum, Sw.*
	Ruda	*Ruta Chalepensis, (L.)*
	Vinagrillo	*Rumex Crispus, (L.)*
	Yerba buena	*Mentha Nemorosa Wild.*
	Zarzaparrila	*Smilax Domingensis Wild.*

Orisha	Nombre de la planta	Nombre científico
Orisha-Oko	Algodón	*Glossypium Barbadense, (L.)*
	Guanábano	*Annona Muricata, (L.)*
	Carambola	*Averrhoa Carambola, (L.)*
	Corazón	*Annona Reticulada, (L.)*
	Saúco blanco	*Sambucus Mexicana Pres.Ex A. DC.*
Ibeyis	Acerola	*Malpighia Emarginata, DC.*
	Anón	*Annona Squamosa, (L.)*
	Canistel	*Pouteria Campechiana, H.B.K.*
	Carambola	*Averrhoa Carambola, (L.)*
	Ciruela (jobo francés)	*Spondias Purpurea (L.)*
	Guanábano	*Annona Muricata, (L.)*
	Guayabo	*Psidium Guajava, (L.)*
	Naranja	*Citrus Aurantium, L(L.)*
	Parcha	*Pasiflora Edulis, Sims.*
	Piña	*Ananas Comosus, (L.) Merrill.*
	Rompezaraguey	*Eupatorium Odoratum, Lin.*
	Zapote	*Pouteria Sapota (Jacq.)*
Obbá	Caoba	*Swietenia Mahogani, Llin., Jacq.*
	Cucaracha	*Zebrina Pendula, Schniz.*
	Marañón	*Anacardium Occidentale, (L.)*
	Uva de mar	*Coccoloba Uvifera (L.) (L.)*
Yewá	Ciruela (jobo francés)	*Spondias Purpurea (L.)*
	Corazón	*Annona Reticulada, (L.)*
	Cucaracha	*Zebrina Pendula, Schniz.*
	Guanábano	*Annona Muricata, (L.)*
	Maravilla	*Calendula Officinalis, (L.)*
	Mazorquilla	*Acalypha Alopecuroides, Jacq.*

Orisha	Nombre de la planta	Nombre científico
Aggayú-Solá	Álamo	*Ficus Religiosa, Lin.*
	Curujey	*Tillandsia Argentea, (L.)*
	Blero blanco	*Amaranthus Viridis, (L.)*
	Miraguano	*Thrinax Wendlandiana, Becc.*
	Paraíso	*Melia Azederach, Lin.*
	Zarzaparrila	*Smilax Domingensis Wild.*

GLOSARIO

Aberikolá: persona que comienza a pasar por ceremonias de santería, como por ejemplo, coger los collares.

Achagbá: pulsera en metal que se consagra en la caldera de Oggún y que los santeros ponen en el tobillo izquierdo del creyente para que esta deidad lo proteja.

Addimu: ofrenda que se le hace a los orishas.

Ashé: energía o poder que poseen los orishas y los individuos consagrados en la religión yoruba. También se puede encontrar esta energía en las plantas, los animales y en los objetos del culto.

Afoché: polvos de brujería preparados a base de hierbas y fórmulas secretas que los padrinos enseñan a preparar a sus ahijados.

Afrocubana: creencias religiosas y costumbres que se culturizaron entre los africanos y la cultura colonialista en Cuba.

Aggayú-Solá o aggayú: personaje de la mitología yoruba que unas veces es identificado como la fuerza del Sol y los volcanes. Otras veces es visto como uno de los padres de Changó.

Ahijado: parentesco entre un creyente y un santero en el momento en que el primero se inicia en la religión.

Glosario

Ajá: manojo de varitas sacadas de la palma de cola, o de la palma de coco, atadas en su extremo inferior por un pedazo de tela de saco, a la cual le añaden cuentas de color blanco y azul oscuro y caracoles. En lengua yoruba significa "perro". En la mitología yoruba los perros están relacionados con esta deidad, pero en Puerto Rico y Cuba los santeros afirman que significa "escobilla".

Akpetebí: santeras que le sirven a Orula y también a las esposas de los babalawos.

Aleyo: toda persona que no ha pasado por ceremonias en santería, pero que sí se ha hecho ebbó.

Ángel de la guarda: en el Nuevo Mundo, las deidades africanas que protegen a las personas creyentes de estos cultos africanos. Sincretismo religioso surge entre las creencias del africano y la doctrina católica.

Animismo: creencia que atribuye vida anímica y poderes a los objetos de la naturaleza, así como la creencia en la existencia de espíritus que animan todas las cosas.

Appattakie: historia sagrada del pueblo yoruba que encierra una gran enseñanza y ha sido transmitida por tradición oral.

Araorun: algo que proviene de Dios y de sus ancestros.

Ashanti: individuo procedente de la región central de Ghana.

Babalawo: tipo de rango religioso en santería obtenido mediante una ceremonia específica de iniciación. Quien lo ostenta tiene una gran reputación en cuanto a la adivinación porque en su iniciación recibe los secretos de la deidad adivinadora Orúnmila.

Babalocha: nombre con el que se conoce en África, Puerto Rico y Cuba a los santeros. Significa en lengua yoruba "sacerdote que practica la idolatría".

Babalú Ayé: deidad de las enfermedades. Él las puede causar a los seres humanos o curarlas.

Glosario

Babosa: molusco gasterópodo terrestre, sin concha. Cuando los santeros caen en posesión por la deidad Obatalá, en ocasiones piden este animal como ofrenda.

Bantú: cultura procedente del Congo. A pesar de haber sido sometidos por el colonialismo francés esta etnia luchó por mantener su cultura, pues la mayoría de la población practicaba los cultos tradicionales, en ocasiones asimilando elementos cristianos. La cultura bantú no sólo luchó por sus creencias en África, sino también en el Nuevo Mundo donde aún en países como Puerto Rico, Cuba y Haití se mantienen sus creencias religiosas, conocidas como "palo mayombe".

Barracón: cuartel o casa inhóspita donde vivían los esclavos africanos localizados cerca de los cabildos o cofradías.

Batá: tambores sagrados. Se componen de tres tambores que son preparados con secretos que sólo el iniciado conoce.

Batea: receptáculo hecho en madera de cedro o caoba donde los santeros ponen los secretos de la deidad Changó.

Batey/bateyes: plaza(s) donde se reunían los taínos para practicar sus ceremonias religiosas.

Baquinés: celebración que acostumbraban hacer los africanos cuando moría un niño. Todavía se practican al Norte y al Sur de Puerto Rico, específicamente en los pueblos de Loíza, Salinas y Guayama.

Bomba: tambor de madera de unos 91 centímetros de altura, de una sola membrana. El africano utilizaba un barril pequeño y luego cubría la superficie superior con cuero de cabra o de chivo. En el pasado también se le denominaba bomba a los bailes y cantos de los africanos.

Botánica: tienda donde los creyentes de los cultos africanos van a comprar todo tipo de objetos para sus ceremonias, ya sean velas, aceites, incienso o litografías católicas. Existen muchas de estas tiendas en todo Puerto Rico y en otros lugares de América Latina.

223

Bozal: esclavo que procedía de las costas africanas.

Burén: plancha hecha en piedra.

Cabildo o cofradía: unidad administrativa donde se encontraban los barracones en donde vivían los esclavos. Estaban compuestos por una unidad administrativa llamada cabildo.

Camino: situación o historia por la cual pasaron los orishas cuando habitaban en la Tierra. Las personas, cuando se inician en un orisha, también son iniciadas dependiendo del camino de esa deidad con el que el neófito está más identificado.

Canastillero: armario de madera donde el iniciado pone las soperas y los atributos de los orishas.

Carabalí: individuo procedente de la región del Calabar en Nigeria, África.

Casa de santo: es la forma en la que comúnmente los creyentes llaman a las casas de los santeros iniciados en santería.

Cascarilla: sustancia que se prepara con la cáscara del huevo. Los santeros la utilizan para muchas de sus ceremonias y en el registro de adivinación la utilizan para saber si la persona está bien o sea Iré.

Cauri: conchas marinas que utiliza el santero para consultar a sus clientes o a sus compañeros santeros.

Changó: orisha es el dueño de los tambores sagrados yorubas conocidos como batá y del fuego. Es quien domina el rayo. Changó ha sido sincretizado en el Nuevo Mundo con Santa Bárbara.

Chekeré: instrumento que utilizan los santeros para tocarle a sus deidades. En santería cada vez que un individuo va a caer en posesión la persona que lo está tocando se acerca a la misma y lo comienza a mover rápidamente, el sonido de este instrumento ocasiona que se precipite el trance.

Cimarrón: esclavo fugitivo que se refugiaba en los montes buscando su libertad.

Collar: adorno sagrado que rodea el cuello del creyente, el cual es preparado de acuerdo a los atributos de las deidades orishas. Es conocido en África con el nombre de eleke o iñal. Representa el poder y las energías de los orishas. Su función es la de proteger al individuo que lo lleva puesto.

Cuarto de santo: espacio sagrado en las casas de los santeros dedicado a los objetos y a las ceremonias. Es considerado un templo, el cual sirve de conexión espiritual entre las deidades orishas y los creyentes.

Cumpleaños de santo: el día de su iniciación es el día en que el neófito nace nuevamente dentro de la religión. Ese día es considerado como el día de su cumpleaños en la religión.

Diloggun: sistema de adivinación africano en el cual se utilizan 16 de caracoles para consultar. Dependiendo de la forma en que caen los caracoles, el santero lo apunta y busca qué significa ese resultado. El resultado del caracol tiene 256 combinaciones y en todas esas combinaciones existe una historia, la cual tiene mucho que ver la persona que se está consultando.

Ebbo: limpieza que los santeros hacen a las personas cuando el oráculo lo ha marcado.

Eshu o Echu: camino o manifestación de la deidad Elegguá.

Eggun o egungun: ancestro de una familia.

Eleddá: parte superior de la cabeza del ser humano.

Elegguá: una de las deidades más conocidas dentro del panteón yoruba. Está relacionada con el destino de las personas. Todo lo bueno o lo malo que le pueda llegar a una persona depende de esta deidad.

Eleke o iñal: collar.

Emi: deidad que los santeros creen que habita dentro del creyente. Cuando preparan ceremonias, le dan conocimiento a Emi de lo que se ha realizado dándole de comer o beber algo al neófito, ya sea pimienta u omiero.

Espiritismo criollo: práctica de procedencia africana en las cuales los médiums invocan los espíritus de los muertos para comunicarse con ellos y conseguir su ayuda y consejo espiritual o material.

Espiritismo kardeciano: corriente de pensamiento filosófico nacida en Francia en el siglo XIX. Fue iniciada por el francés Denizard Hipolyte Léon Rivali, quien escribió diversas obras bajo el seudónimo de Allan Kardec.

Espiritista: seguidor del espiritismo criollo. Se reúnen en centros específicos o en residencias para invocar a los espíritus y caer en posesión por éstos. Sus seguidores se valen de ritos y plantas mágicas para curar a sus clientes de problemas físicos y mentales.

Espiritista kardeciano: seguidor del espiritismo kardeciano.

Estera: tejido grueso hecho de juncos secos entrelazados o de esparto. Durante la iniciación la estera representa la nación del yawó.

Etnocentrismo: tendencia a considerar los rasgos, estilos, ideas y valores de otros grupos culturales como inferiores a los de su propio grupo.

Eya Aranla: gran salón donde se celebran los "toques de tambor".

Fanti: esclavo procedente de las costas de Ghana.

Fetichismo: idolatría o veneración excesiva.

Fundamento: objeto o sustancia preparada en secreto por los santeros a base de piedras y caracoles. Estos secretos contienen la vitalidad o energía para representar a las deidades, y se encuentran dentro de las soperas o recipientes que son el "hábitat" del orisha.

Gagá: prácticas africanas que se conservan en República Dominicana. Tienen como base las creencias del vudú haitiano.

Guerreros, los: ceremonia en donde el aleyo recibe para su protección las deidades Oggún, Ochosi, Elegguá y Ozun.

Güiro: fruto antillano parecido a la calabaza. De su cáscara se prepara el instrumento chekeré.

Hijo o hija: persona protegida por una deidad. Si está protegida por Changó, le llaman "hija o hijo de Changó". En caso de sincretismo envuelto, se dice que el ángel de la guarda de la persona es Santa Bárbara.

Homo-orisha: santeros que caen en posesión por su deidad tutelar. El orisha utiliza el cuerpo del iniciado como instrumento para llevar un mensaje a los hombres en la Tierra. Cuando el iniciado está en posesión, o está presidiendo una ceremonia, su orisha tutelar le transmite el conocimiento necesario para que la ceremonia esté completa.

Iban Balo: espacio sagrado en la casa de los iniciados donde se encuentran los animales y plantas ofrecidos a los orishas.

Icú: muerte.

Igbodú: cuarto de santo.

Ildé-Fá: brazalete ceremoniado que recibe el creyente de manos de un babalawo.

Ilé-Ifé: ciudad sagrada de los yorubas en Nigeria. Según los mitos de creación, fue creada por la deidad Obatalá y fue de aquí donde surgió la humanidad.

Ilé Ocha: casas de los iniciados o casas de santo.

Ifá: método de adivinación yoruba, y fue enseñado por Orúnmila que llegó de la ciudad de Ilé-Ifé a Oyó en el siglo XVIII.

Ikines: semillas de la palma de cola.

Igbo: objeto de adivinación para saber si las preguntas que les están haciendo a los orishas son afirmativas o negativas. El valor de cada igbo se lo dan los santeros en el momento de entregárselos al consultado.

Iré: buena suerte.

Iroko: árbol de África con raíces muy profundas y largas ramas. En el Nuevo Mundo se sustituyó por el árbol de ceiba de cualidades similares.

Iruke: rabo de caballo que contiene cuentas con los colores de los orishas. Utilizadas para alejar energías negativas de sus casas y durante las ceremonias. Lo pasan por el cuerpo del creyente para alejar los malos espíritus.

Itá: ceremonia efectuada el tercer día de iniciación. El italero consulta al neófito con el oráculo de adivinación del diloggun, mediante el cual saldrán prohibiciones que la persona debe respetar toda la vida.

Italero: persona que domina el oráculo de adivinación del diloggun. Es el encargado de hacer la ceremonia de Itá en la iniciación.

Ituto: ritos funerarios que se le preparan a los santeros al morir.

Iyalocha: nombre de las santeras en Puerto Rico y Cuba. En África es *iyalorisa*, el cual en lengua yoruba significa "sacerdotisa".

Jícara: vasija confeccionada con el fruto del árbol de higüera, y se utiliza para poner objetos o secretos relacionados a la santería, también para que el iyawo beba su omiero o para bañarlo durante la ceremonia de iniciación.

Jimagüa: significa "gemelos" para los indios taínos. Adoptada por los santeros en Cuba y Puerto Rico para denominar a los gemelos de la cultura yoruba.

Jutía: de este animal se preparan polvos especiales para trabajos en santería.

Kardec, Allan: seudónimo de Denizard Hipolyte Léon Rivali, precursor del espiritismo científico.

Kardeciana: movimiento filosófico que fundó en Francia Denizard Hipolyte Léon Rivali.

Kwa: lenguaje de los pueblos yorubas.

Ladino: esclavo africano traído al Nuevo Mundo desde el Sur de España. Se había integrado a la cultura ibérica y hablaba el castellano.

Libreta de santo: cuaderno donde un santero va apuntando al neófito todo lo relacionado a la ceremonia de Itá en la iniciación.

Lucumí: en Cuba, palabra derivada de "olkumi", que significa amigo. Nombre que le dieron sus vecinos los dahomeyanos y que le siguieron dando en el Nuevo Mundo.

Madama: quizá proviene de la palabra francesa *madame* y traída de las islas francesas

Madrina: parentesco que surge entre el neófito y la santera que lo inicia.

Maforibale: reverencia enfrente de un orisha, un babalawo o un santero mayor.

Magia: arte o ciencia oculta con que se pretende producir valiéndose de ciertos actos o palabras o con la intervención de seres imaginables, resultados contrarios a las leyes naturales. Según Robert H. Lowie (1976), "es el pretendido arte de influir en el curso de los acontecimientos y producir fenómenos físicos maravillosos, por medio de procesos que se supone deben su eficacia a su poder de concitar la intervención de entes espirituales, o de hacer que actúe algún principio oculto que controle la naturaleza".

Manteca de corojo: sustancia obtenida de las nueces conocidas como ikines, sacadas de la palma de cola. Aceite de color anaranjado oscuro ingerido por los santeros en algunas ceremonias o cuando la deidad lo pide. Utilizada con frecuencia por el creyente en los sacrificios y para preparar alimentos.

Médium: persona que posee la capacidad de caer en posesión por el espíritu de un fallecido y de comunicarse con los muertos.

Mendé: las etnias temne y mendé forman el conglomerado de población de Sierra Leona, a las que se añaden, en menor cantidad, las lokko, sherbo, limba, sussu fulani, kono y krío.

Misa espiritual: ritual que efectúan los practicantes del espiritismo criollo durante el cual creen entrar en contacto con el mundo de los muertos.

Mogote: montículo de piedra aislado en forma cónica. Durante la época de la esclavitud los esclavos se refugiaban en estos lugares, ya que por no ser aptos para la agricultura, las haciendas se encontraban lejos de los mismos.

Moyugbar: acción de orar. Es cuando el creyente pide la bendición de todos los orishas y ancestros en el momento en que va a comenzar una ceremonia o un registro de adivinación.

Ñangareo: ceremonia santera a la luz del Sol, donde pretenden dar conocimiento a Olofi de lo que se hará en el día de Itá.

Obatalá: deidad importante del panteón yoruba, según los mitos de creación Olofi lo envió a la Tierra para terminar la creación y moldear los cuerpos de los seres humanos.

Obbá: deidad que habita en las lagunas y cementerios.

Ochosi: deidad masculina originaria de la región de Ketú, en Nigeria. Es guerrero, cazador y pescador por excelencia. Forma parte de la justicia divina, y quienes lo reciben se evitan problemas con la justicia.

Oddúa: deidad que participó en la finalización de la creación junto con Obatalá.

Oddún: cada uno de los resultados que pueden ofrecer los oráculos, mediante los instrumentos de adivinación. En la lengua yoruba indica la adivinación realizada por el oráculo de Ifá.

Oggún: deidad yoruba que se caracteriza por ser un buen guerrero. Es el dueño del hierro y los metales. Protege a quienes lo reciben de accidentes de trenes, coches e incluso de la cárcel.

Okute u Olokun: caminos o manifestaciones de la deidad del mar Yemayá. Vive en las profundidades del mar y según los santeros, es quien hace que la gente se ahogue porque necesita el alma humana para sobrevivir.

Oldón: especie de taburete hecho en madera, donde se sienta al yawó durante la ceremonia de iniciación. Este asiento es hueco por debajo, ya que lleva por dentro unos secretos que están relacionados con el yawó.

Olofi u Olofin: deidad principal según la mitología yoruba.

Olodumare: deidad que habita en la naturaleza y el cosmos. Es una representación del Dios principal de los yorubas, Olofi.

Olorun: manifestación de Olofí. Representa la fuerza vital del Sol.

Omiero: sustancia líquida que preparan los santeros por medio de plantas y otras sustancias secretas. Utilizado para bañar al neófito y para que lo ingiera durante la ceremonia de iniciación.

Opelé: sistema de adivinación babalawo para consultar a sus clientes o a ellos mismos.

Oráculo: respuesta de la divinidad a las preguntas planteadas por los hombres.

Orí: deidad que habita en la cabeza de los creyentes en santería.

Oriaté: santero que domina muy bien las ceremonias de santería. Maestro de ceremonia en la ceremonia de iniciación.

Orisha-Oko: deidad masculina relacionada con los mitos de la agricultura en la mitología yoruba. Es el encargado de llevar a los muertos al cementerio para entregárselos a Oyá.

Orisha: deidad del panteón yoruba.

Orúnmila u Orula: deidad yoruba que posee toda la sabiduría de los oráculos de adivinación. Durante la ceremonia de iniciación de los babalawos, éstos se inician en los secretos de esta deidad.

Osain: deidad que habita en las plantas. Siempre que los santeros van a arrancar una planta en la naturaleza, piden permiso a Osain y le dan un derecho monetario.

Osainista: persona que conoce bien las plantas que pertenecen a cada orisha y sus remedios curativos.

Oshanlá: es un camino o manifestación de la deidad Obatalá.

231

Oshún: deidad yoruba que habita en el río. Patrona del amor y el dinero. Simboliza la feminidad en su máxima expresión.

Osogbo: significa peligro. Cuando a una persona le sale esto en un registro de adivinación significa que corre algún peligro o que algo negativo amenaza su vida.

Osun-lerí: ceremonia durante la iniciación donde le pintan la cabeza al yawó. Esta acción representa el cielo en la cabeza del neófito.

Otán: la piedra sagrada que contiene la energía de las deidades africanas.

Oyá: deidad yoruba que habita en la puerta del cementerio. Tiene el poder de controlar los temporales y los fuertes vientos, y por esta razón es una de las deidades más respetada entre los orishas.

Oyugbona: santero que se encarga del yawó durante la ceremonia de iniciación. Es como una segunda madrina para el neófito.

Ozun: objeto sagrado que se representa con una copa en metal la cual tiene la figura de un gallo en su parte superior. Representa la vida del iniciado en santería. Durante la ceremonia de iniciación, el oriaté pinta esta copa por dentro con los mismos colores con los que pinta la cabeza del iniciado.

Padrino: parentesco que surge entre el iniciado y el santero que lo inicia.

Palo mayombe: creencias de la cultura bantú en África, que tienen como base el animismo y el fetichismo.

Pinaldo: ceremonia por la cual el iniciado recibe el cuchillo ceremoniado con el que podrá practicar los sacrificios de los animales para los orishas.

Politeísmo: reconoce la existencia de muchos poderes divinos a quienes rinde adoración bajo diversas formas. La idolatría es la más característica.

Santería: creencias practicadas en secreto por el esclavo africano en Cuba, y sincretizadas con la doctrina católica. Luego fueron introducidas en Puerto Rico, durante la década de los 60, por los cubanos exiliados que llegaron a esta isla.

Rogación de cabeza: ceremonia santera en nombre de Obatalá, para que la deidad ayude mentalmente al creyente que la está recibiendo.

Santera: mujer que ha sido iniciada en los secretos de los orishas.

Santero: hombre que ha sido iniciado en los secretos de los orishas.

Santurce: barrio en la ciudad de Río Piedras, Puerto Rico.

Sincretismo religioso: sistema en que se concilian doctrinas diferentes. Fusión de diversos sistemas o prácticas religiosas pertenecientes a diversas culturas. En este caso, las creencias yorubas, junto con las costumbres de otros pueblos de África Occidental que llegaron a Cuba, con la doctrina católica.

Sopera: recipiente hecho en cerámica donde los creyentes guardan objetos secretos para representar a sus deidades orishas.

Subcultura: grupos humanos que se establecen en áreas geográficas rurales aisladas, y mantienen distintos comportamientos y creencias que les diferencia de la cultura mayor de la que forman parte.

Tablero de Ifá: el instrumento más importante de adivinación del babalawo, utilizado en momentos de suma importancia.

Tamborero: persona quien toca el tambor.

Tradición oral: transmisión de doctrinas, ritos y costumbres que perduran en la cultura de los pueblos por vía oral.

Trata negrera: tráfico y venta de seres humanos como esclavos, en este caso, los africanos.

Videncia: facultad para ver cosas que van a ocurrir, así como para ver espíritus.

Vudú: creencias procedentes de la cultura fon y ewe en Dahomey, hoy Benín en África. Palabra quizás relacionada con un rey en Dahomey llamado Vodom. Las creencias de estas culturas se sincretizaron en las islas francesas con la doctrina católica del colonizador. Es posible que en Benín aún se mantengan las creencias del vudú debido a que la mitad de la población practica cultos tradicionales africanos. El veinte por ciento la religión musulmana, y el treinta por ciento el cristianismo.

Yawó o iyawó: nombre que toma el iniciado durante su iniciación y el año de yaworage. Significa hijo de orisha. Mientras el yawó está en el trono, durante la ceremonia de iniciación, éste se convierte en la representación de su orisha en la Tierra. Es la conexión entre el cielo y la Tierra.

Yaworage: año en que el iniciado debe cumplir con las prohibiciones y las normas según lo que le explicó el italero durante la ceremonia de Itá, y según las normas que rigen la religión.

Yemayá o Yemanyás: deidad yoruba dueña del mar y patrona de la maternidad.

Yembo: manifestación o camino de Yemayá. Deidad vinculada a los mitos de la maternidad.

Yewa: deidad que forma parte del panteón yoruba. Según la mitología, es hija de la deidad Oddúa.

Yoruba: individuo o región perteneciente a los pueblos del Dahomey Oriental y la Nigeria Occidental, que a su vez era originario de los reinos de Oyó, Ilorí, Ixebá, Ibadán, Ifé, Yebú y Egbá.

Bibliografía

Ibadan. *A Dictonary of the Yoruba Language.* University Press Limited, 1991.

Abimbola, Wamde. *Ifa: An exposition of Ifa Literary Corpus.* Ibaden: Oxford University Press, 1976.

Agosto Cintrón, Nélida. *Religión y Cambio Social en Puerto Rico (1894–1994).* Ediciones Huracán. San Juan, Puerto Rico, 1996.

Aguilera, Patton, Pedro, Pablo. *Religión y arte yoruba.* Editorial de las Ciencias Sociales. La Habana, Cuba, 1994.

Argüelles, Meeros Aníbal y Hodge Limonta, Ileana. *Los llamados cultos sincréticos y el espiritismo.* Editorial Academia. La Habana, 1991.

Alegría Pons, J.F. *Gagá y vudú en la República Dominicana: Ensayos antropológicos.* Ediciones El Chango Prieto. San Juan, Puerto Rico, 1993.

Álvarez Nazario, Manuel. *El elemento afronegroide en el español de Puerto Rico.* Instituto de Cultura Puertorriqueña. San Juan, Puerto Rico, 1961.

235

—— C.E.P.E.P. *La tercera raíz; Presencia Africana en Puerto Rico*. Instituto de Cultura Puertorriqueña y México. San Juan, Puerto Rico, 1992.

Baralt, Guillermo A. *Esclavos Rebeldes: conspiraciones y sublevaciones de esclavos en Puerto Rico (1795–1873)*. Ediciones Huracán. Puerto Rico, 1981.

Baralt, Guillermo A y otros. *El Machete de Ogún; Las luchas de los esclavos en Puerto Rico (Siglo XIX)*. C.E.R.E.P. San Juan, Puerto Rico, 1989.

Bascom, William. *The Focus of Cuban Santería*. Southwestern Journal of Anthropology, VI no. 1, 1950.

—— *Urbanization Among the Yorubas. Cultures and Societies of Africa*. Random House. New York., 1960.

—— *Ifa Divination: Communication Between Gods and Men in West Africa*. Boomington: Indiana University Press, 1969.

Bascom, William R. y Melville J. Herskovits. *Continuity and Change in African Cultures*. By the University of Chicago. United States of America, 1959.

Bolívar Aróstegui, Natalia, *Los Orishas en Cuba*. Ediciones Pm. La Habana, Cuba, 1994.

—— *Opolopo Owo*. Editorial de Ciencias Sociales. La Habana, Cuba, 1994.

Brau, Salvador. *Historia de Puerto Rico*. Editorial Coquí. San Juan, 1966.

Brandon, G. *Santeria from Africa to the New World*. Indiana University Press. Indianapolis, 1993.

Burns, Alan Sir. *History of Nigeria*. George Allen and Unwin Ltd. London, 1963.

Cabrera, Lydia. *El monte*. Ediciones, ER. La Habana, Cuba, 1954.

—— *La laguna sagrada de San Joaquín*. Ediciones R. Madrid, 1973.

—— *Yemayá y Oshún*. Ediciones CR, Madrid, 1974.

—— *Cuando África y Roma se encuentran.* El Nuevo Día, 14 de junio: 4–9. Puerto Rico, 1992.

Caro, Aida R. *El cabildo o régimen municipal puertorriqueño en el siglo XVIII.* Municipio de San Juan e Instituto de Cultura Puertorriqueña. 2 tomos. San Juan, Puerto Rico, 1965–74.

Castellanos Jorge e Isabel. *Cultura afrocubana.* Ediciones Universal. Miami, 1988.

Cifre de Loubriel, Estela. *La inmigración a Puerto Rico durante el siglo XIX.* Instituto de Cultura Puertorriqueña. San Juan, Puerto Rico, 1964.

Costa, Romero de Tejada, Alberto, y otros. *África: Mágia y Poder. 2.500 años de arte en Nigeria.* Fundación "La Caixa". Barcelona, 1998.

Coll y Toste, Cayetano. *Prehistoria de Puerto Rico.* Editorial Vasco Americana, S.A. Bilbao, 1907.

Cros Sandoval, Mercedes. *La religión afrocubana.* Playor, S.A. Madrid, 1975.

De Diego, José. *Pomarrosas.* Editorial Maucci. Barcelona, 1916.

Dianteill, Erwan. *Deterritorialization and Reterritorialization of the Orisha Religion in Africa and the New World (Nigeria, Cuba and the United States).* International Journal of Urban and Regional Research, Volumen 26.1, March. Joint Editors and Blackwell Publishers Ltd. Oxford, 2002.

Díaz Soler, Luís M. *Historia de la esclavitud negra en Puerto Rico.* Editorial Universitaria. Río Piedras, Puerto Rico, 1970.

Eliade, Mircea. *Mito y Realidad.* Ediciones Guardarrama, S.A. Madrid, 1973.

—— *Tratado de la historia de las religiones.* 2 volúmenes. Editorial Cristiandad. Madrid, 1974.

—— *Imágenes y símbolos.* Editorial Taurus. Madrid, 1974.

—— *Lo sagrado y lo profano.* Editorial Labor, S.A. Barcelona, 1997.

Fariñas Gutiérrez, Daisy. *Religión en las Antillas.* Editorial Academia. La Habana, Cuba, 1995.

Frazer, James George. *La Rama Dorada.* Fondo de Cultura Económica. México, 1944.

Hernández, Paulino y Marta Avedo. *Santería afrocubana; sincretismo con la religión católica ceremonias y oráculos.* Eride Editorial. Madrid. 1998.

Kardec, Allan. *El libro de los espíritus.* Editores Mexicanos Unidos. México, 1978.

—— *El libro de los médium.* Visión Libros. Barcelona, 1979.

—— *El evangelio según el espiritismo.* Kiers. Buenos Aires, 1986.

Lowie, Robert H. *Antropología cultural.* Edición Fondo de Cultura Económica. México, 1947.

—— *Religiones primitivas.* Alianza Universidad. Madrid, 1976.

Núñez Meléndez, Esteban. *Plantas medicinales de Puerto Rico.* Editorial de la Universidad de Puerto Rico. San Juan, Puerto Rico, 1999.

Oba, Ecun. *Orisha; metodología de la religión yoruba.* Editorial SIBI. Miami, 1985.

Ortiz, Fernando. *El hampa afrocubano; los negros esclavos.* Editorial de Ciencias Sociales. La Habana, 1916.

—— *Los cabildos afrocubanos.* Revista Bimestre Cubana, XVI. No 1. Cuba. 1921.

Pérez Medina, Tomás. *La santería cubana. El camino de Osha ceremonias, ritos y secretos.* Editorial Biblioteca Nueva, S. L. Madrid, 1998.

Ramos Mattei, Andrés. *La hacienda azucarera; su crecimiento y crisis en Puerto Rico (siglo XIX).* C.E.R.E.P. San Juan, Puerto Rico, 1981.

Bibliografía

—— *Azúcar y Esclavitud*. Universidad de Puerto Rico. Río Piedras, Puerto Rico. 1982.

Rodríguez Escudero, Néstor A. *Historia del Espiritismo en Puerto Rico*. Imprenta San Rafael. Quebradillas, Puerto Rico, 1991.

Rodríguez Saavedra, Dalila. *Espiritismo; su verdad y su misterio*. Diálogo, 15 diciembre: 6. Puerto Rico, 1999.

Román, Orozco y Bolívar, Natalia. *Cuba santa; comunistas, santeros y cristianos en la isla de Fidel Castro*. Ediciones El País, S.A. Madrid, 1998.

Sanchez Cárdenas, Julio. *Religión de los Orishas; creencias y ceremonias de un culto afrocaribeño*. Hato Rey, Puerto Rico, 1978.

—— *Aspectos psicoterapéuticos del Opelé: Un oráculo de la santería*. Revista Review Interamericana, 10(4): 454–475. Puerto Rico, 1978.

—— *Aspectos positivos y negativos de la santería*. El Reportero, 31 de mayo: 13. Puerto Rico, 1984.

—— *Visitantes nocturnos inesperados*. San Juan, Puerto Rico, 1999.

Scarano, Francisco A. *Puerto Rico: Cinco siglos de historia*. McGraw-Hill Interamericana, S.A. Bogotá, Colombia, 1994.

Schimme, Annemarie. *The Mistery of Numbers*. Oxford University Press. New York, 1963.

Smith, Robert. *Kingdoms of the Yoruba*. Methuen & COLTD. London, 1969.

Valdés Garriz, Yrmino. *Ceremonias fúnebres de la Santería afrocubana*. Sociedad de Autores Libres. Puerto Rico, 1991.

Vega, Ana Lydia. *Falsas crónicas del Sur*. Editorial de la Universidad de Puerto Rico. San Juan, Puerto Rico, 1991.

Vidal,Teodoro. *Tradiciones en la brujería puertorriqueña*. Ediciones Alba. San Juan, Puerto Rico, 1989.

Correspondencia a la Autora

Para contactar o escribir a la autora, o para mayor información sobre este libro, envíe su correspondencia a Llewellyn Español para serle remitida a la misma. La casa editorial y la autora agradecen su interés y sus comentarios sobre la lectura de este libro y sus beneficios obtenidos. Llewellyn Español no garantiza que todas las cartas enviadas serán contestadas, pero le asegura que serán remitidas a la autora.

Idalia Llorens
℅ Llewellyn Worldwide
2143 Wooddale Drive, Dept. 978-0-7387-1282-6
Woodbury, MN 55125-2989 U.S.A.

Incluya un sobre estampillado con su dirección y $US 1.00 para cubrir costos de correo. Fuera de los Estados Unidos incluya el cupón de correo internacional.

Muchos autores de Llewellyn poseen páginas en Internet con información adicional. Para mayor información,
visite nuestra página:

http://www.llewellynespanol.com